Das Genial Ernährt Kochbuch

100 köstliche Rezepte, inspiriert von Dr. med. Yael Adler, um klüger zu essen, besser zu leben und das Leben entspannter zu genießen.

Dr. Amelia Vital

Alle Rechte vorbehalten.

Kein Teil dieser Veröffentlichung darf ohne vorherige schriftliche Zustimmung des Herausgebers in irgendeiner Form oder mit irgendwelchen Mitteln, einschließlich Fotokopieren, Aufzeichnen oder anderen elektronischen oder mechanischen Methoden, reproduziert, verbreitet oder übermittelt werden, außer im Falle kurzer Zitate in kritischen Rezensionen und bestimmter anderer nichtkommerzieller Verwendungen, die durch das Urheberrecht gestattet sind.

Copyright © Dr. Amelia Vital, 2025

Inhalt

KAPITEL 1: DIE WISSENSCHAFT DER ZELLERNÄHRUNG 8

    VERSTEHEN, WIE NAHRUNG UNSERE ZELLEN BEEINFLUSST 8

    WICHTIGE NÄHRSTOFFE FÜR DIE ZELLGESUNDHEIT 9

    Der Zusammenhang zwischen Ernährung und Alterung 11

    WIE SICH ERNÄHRUNG AUF IHRE HAUT, ENERGIE UND VITALITÄT AUSWIRKT 12

    ERNÄHRUNG UND ZELLULÄRE ENTGIFTUNG 14

KAPITEL 2: DR. ADLERS PRINZIPIEN FÜR EINE STRAHLENDE GESUNDHEIT 18

    Pflanzenorientierte Ernährung für optimale Gesundheit 18

    MIKROBIOMFREUNDLICHE LEBENSMITTEL VERSTEHEN 19

    DIE KRAFT VON PHYTONÄHRSTOFFEN UND ANTIOXIDANTIEN 21

    ZELLBALANCE DURCH NAHRUNG HERSTELLEN 22

    BALANCE FINDEN OHNE PERFEKTIONISMUS 23

KAPITEL 3: AUSSTATTUNG IHRER SMARTEN KÜCHE 26

    WICHTIGE VORRATSWAREN FÜR GESUNDHEITSFÖRDERNDE MAHLZEITEN 26

    FRISCHE LEBENSMITTEL-GRUNDLAGEN 28

    KÜCHENGERÄTE, DIE GESUNDES KOCHEN EINFACHER MACHEN 29

    INTELLIGENTE LEBENSMITTELLAGERUNG FÜR MAXIMALE NÄHRSTOFFE 31

    WOCHENPLANUNG FÜR ERNÄHRUNGSERFOLG 32

KAPITEL 4: ZELLUNTERSTÜTZENDE FRÜHSTÜCKSESSEN **36**

    Matcha-Energiespender am Morgen 36

    Beta-Carotin-Frühstücksschüssel 37

    Präbiotische Overnight Oats 38

    Entzündungshemmender Frühstücks-Smoothie 39

    Darmfreundliches Müsli 40

    Tomaten-Lycopin-Toast 41

    Mikrobiom-Morgenporridge 42

    Carotinoidreiche Karottenpfannkuchen 43

    Hormonausgleichendes Frühstücks-Hash 44

    Kollagenverstärkendes Beerenkompott 45

KAPITEL 5: NÄHRSTOFFREICHE SUPPEN UND BRÜHEN **46**

    Verjüngende Knochenbrühe-Basis 46

    Pflanzliche grüne Detox-Suppe 47

    Präbiotischer Lauch-Kartoffel-Samt 48

    Entzündungshemmende Kurkuma-Brühe 49

    Darmheilendes Pilzelixier 50

    Beta-Carotin Golden Bisque 51

    Lycopinreiche Tomatenessenz 52

    Antioxidantiensuppe aus Rüben und Beeren 53

    Kreuzblütler-Wohlfühleintopf 54

    Mikrobiomunterstützender Bohneneintopf 55

KAPITEL 6: LEBENDIGE GEMÜSE-HAUPTGERICHTE **56**

    Polyphenolreiches Ratatouille 56

    Blumenkohlsteaks mit Bittergrün-Pesto 57

    Mikrobiom-Regenbogen-Buddha-Bowl 58

    Kohl-Power-Pfanne 59

    Farbrad Gemüse Tian 60

    Geröstetes Wurzelgemüse mit Kräutern 61

    Bittergemüse und Pilaw aus Urgetreide 62

Mit Lycopin gefüllte Paprika... 63

Risotto mit Wildpilzen und Microgreens... 64

Präbiotisches Artischocken-Lauch-Gratin... 65

KAPITEL 7: PROTEIN-FORWARD-SCHALEN ZUR GEWEBEREPARATUR..66

Kollagenunterstützender, langsam gekochter Eintopf... 66

Gebackene Fischpäckchen reich an Omega-3... 67

Linsen-Walnuss-Brot mit Zink.. 68

Hormonausgleichende Tempeh-Schüssel.. 69

Aminosäureprofil-ausgewogene Quinoa-Pfanne... 70

Beta-Carotin-Hähnchen-Tajine.. 71

Medley aus Meereskollagen und Meeresfrüchten... 72

Pflanzliches Protein Power Hülsenfrüchte Curry.. 73

Regeneratives Lammkarree mit Kräuterkruste.. 74

Mikrobiomfreundliches Pfannengericht aus fermentiertem Tofu.. 75

KAPITEL 8: HAUTPFLEGENDE SALATE UND BEILAGEN..78

Lycopin-Tomaten-Wassermelonen-Salat... 78

Bittergrün mit Polyphenol-Dressing... 79

Carotin-Farbexplosion-Krautsalat.. 80

Präbiotische Ballaststoff-Power-Tabouli.. 81

Hautstraffendes Kollagen-Pflanzengemisch.. 82

Zellulärer Feuchtigkeitsspender mit Gurke und Kräutern.. 83

Antioxidantienteller mit Avocado und Zitrusfrüchten... 84

Chlorophyllreiche Green Goddess-Schale.. 85

Beta-Carotin-Karotten-Ingwer-Krautsalat... 86

Schwefelverbindung Kreuzblütlerseite.. 87

KAPITEL 9: MIKROBIOMFREUNDLICHE FERMENTE UND GEWÜRZE..88

Probiotisches Rotkohlkraut.. 88

Darmheilende kultivierte Karotten.. 90

Mikrobiom-aufbauendes Kimchi.. 91

Traditioneller Rübenkwas... 93

Verdauungsunterstützung Ginger Bug...94

Hausgemachter milchfreier Joghurt..95

Fermentierter Knoblauchhonig..96

Präbiotisches Zwiebelrelish..97

Eingelegte Radieschen..98

Immunitätssteigernder Feueressig...99

KAPITEL 10: SMART SNACKS UND TRAGBARE ERNÄHRUNG..102

Hormonausgleichende Samencracker..102

Süßkartoffelchips mit Beta-Carotin..103

Präbiotische Ballaststoff-Energieriegel..104

Darmfreundliches Studentenfutter..105

Lycopinreiches Tomatenleder..106

Chlorophyllreicher grüner Dip..107

Polyphenol-Nuss- und Beerencluster...108

Mikrobiomunterstützende fermentierte Gemüsechips...109

Kollagenverstärkende Knochenbrühe-Proteinhäppchen...110

Phytonährstoff-Powerbälle...111

KAPITEL 11: GETRÄNKE FÜR EINE STRAHLENDE HAUT...112

Tägliches Tomaten-Lycopin-Elixier...112

Karotten-Beta-Carotin-Erfrischung...113

Matcha Chlorophyll Morgenaktivator..114

Mikrobiomunterstützender präbiotischer Tee...115

Verdauungsstärkungsmittel mit Bitterkräutern...116

Stickoxid-Booster aus Zuckerrüben..117

Hormonausgleichende Adaptogenmischung...118

Kollagenunterstützender Beeren-Smoothie..119

Grüner Saft reich an Phytonährstoffen..120

Antioxidatives Entspannungsmittel für den Abend...121

KAPITEL 12: GELEGENTLICHE LECKEREIEN OHNE REUE..122

Darmfreundliche dunkle Schokoladenmousse..122

Antioxidans-Beeren-Crumble ... 123

Mit Beta-Carotin gewürzte Karottenkuchen-Häppchen ... 124

Phytonährstoffreiche Obsttorte ... 125

Präbiotische Ballaststoffkekse ... 126

Entzündungshemmende Goldene Milch-Eis am Stiel ... 127

In Rotwein pochierte Birnen mit Polyphenolen ... 128

Hormonunterstützendes Saatkrokant ... 129

Mikrobiombewusster Frozen Yogurt ... 130

Hautfreundliche Avocado-Schokoladentrüffel ... 131

KAPITEL 13: SCHÖNHEITSFÖRDERNDE MAHLZEITEN-TOPPER ... 134

Hautunterstützendes Samenstreusel ... 134

Antioxidatives Kräuteröl ... 135

Präbiotische Gewürzmischung ... 136

Bittergrün-Pesto ... 137

Mikronährstoffreicher Salat-Booster ... 138

Lycopin-Tomatenkonzentrat ... 139

Schwefelreicher Knoblauch- und Kräuterguss ... 140

Mit Polyphenolen angereicherte Beerensauce ... 141

Grüne Chlorophyll-Sauce ... 142

Kollagenunterstützender Knochenstaub ... 143

KAPITEL 14: SAISONALE MAHLZEITPLANUNG FÜR OPTIMALE GESUNDHEIT ... 146

LEBENSMITTEL FÜR DEN FRÜHJAHRSPUTZ ... 146

ANTIOXIDANTIEN IM SOMMER ... 148

IMMUNUNTERSTÜTZUNG IM HERBST ... 149

WINTERRESILIENZ AUFBAUEN ... 151

Saisonale Ernährung in das moderne Leben integrieren ... 153

KAPITEL 15: ALTERSGEMÄẞES ESSEN ... 156

ERNÄHRUNG IM LAUFE DER JAHRZEHNTE ... 156

Hormonelle Veränderungen und Ernährung ... 159

Umgang mit häufigen altersbedingten Problemen ... 162

Das Mikrobiom verändert sich mit dem Alter.. 164

  Passen Sie Ihre Ernährung dem Alter an.. 166

KAPITEL 16: DER 14-TÄGIGE BRILLIANTE ERNÄHRUNGSPLAN...170

  KOMPLETTER ZWEIWÖCHIGER MAHLZEITPLAN... 170

  EINKAUFSLISTEN.. 173

  VORBEREITUNGSPLÄNE.. 175

  Strategien für das Chargenkochen.. 178

ANHANG A: NÄHRSTOFFLEITFADEN...182

  WICHTIGE NÄHRSTOFFE UND IHRE NAHRUNGSQUELLEN.. 182

  PHYTONÄHRSTOFFE VERSTEHEN.. 184

  MIKROBIOM-UNTERSTÜTZENDE VERBINDUNGEN.. 187

  FUNKTIONALE LEBENSMITTELKATEGORIEN.. 190

ANHANG B: SAISONALE LEBENSMITTELTABELLE..193

  GANZJÄHRIGER LEITFADEN ZUR SAISONALEN ESSEN.. 193

KAPITEL 1: DIE WISSENSCHAFT DER ZELLERNÄHRUNG

VERSTEHEN, WIE NAHRUNG UNSERE ZELLEN BEEINFLUSST

Unser Körper ist eine großartige Ansammlung von Zellen – den kleinsten lebenden Einheiten, aus denen jedes Gewebe und jedes Organ besteht. Diese mikroskopischen Kraftwerke benötigen bestimmte Nährstoffe, um richtig zu funktionieren, sich selbst zu reparieren und vor Schäden zu schützen. Die Nahrung, die wir zu uns nehmen, zerfällt in Moleküle, die unsere Zellen entweder nähren oder belasten.

Wenn ich mir anschaue, wie sich die Ernährung auf die Zellgesundheit auswirkt, muss ich an Dr. Adlers Erkenntnisse über Zellstress denken. Sie erklärt, dass Zellen ständig oxidativem Stress ausgesetzt sind – dem zellulären Äquivalent von „Rost". Dieser Prozess tritt natürlicherweise während des Stoffwechsels auf, wird jedoch durch schlechte Ernährung, Umweltverschmutzung, Stress und Alterung beschleunigt.

Überlegen Sie, was passiert, wenn Sie eine Mahlzeit mit hohem Anteil an raffiniertem Zucker und verarbeiteten Fetten zu sich nehmen. Ihr Blutzuckerspiegel steigt, was die Ausschüttung von Insulin und eine Flut von Entzündungsreaktionen auslöst. Auf zellulärer Ebene führt dies zur Produktion übermäßiger freier Radikale

– instabiler Moleküle, die Zellstrukturen wie Membranen, Proteine und sogar DNA schädigen. Mit der Zeit häufen sich diese Schäden und tragen zu dem bei, was wir als Alterung und Krankheit erkennen.

Wenn Sie dagegen Nahrungsmittel essen, die reich an schützenden Verbindungen sind – wie das Lycopin in Tomaten oder das Beta-Carotin in Karotten – geben Sie Ihren Zellen die Werkzeuge, die sie brauchen, um oxidative Schäden zu bekämpfen. Diese Verbindungen wirken als Antioxidantien und neutralisieren freie Radikale, bevor sie die Zellstrukturen schädigen können.

Dr. Adlers Empfehlung, täglich Tomatenmark zu verzehren, veranschaulicht dieses Prinzip perfekt. Schon ein Esslöffel täglich liefert konzentriertes Lycopin, das als innerer Schutz für Ihre Zellen wirkt. Ebenso maximiert ihr Vorschlag, Karottensaft mit einem Tropfen Öl zu sich zu nehmen, die Aufnahme von Beta-Carotin und erzeugt ein „Gesundheitssignal", das sie als subtiles, gesundes Leuchten der Haut bezeichnet.

WICHTIGE NÄHRSTOFFE FÜR DIE ZELLGESUNDHEIT

Zellen benötigen bestimmte Nährstoffe, um ihre Struktur und Funktion aufrechtzuerhalten. Dazu gehören Makronährstoffe (Proteine, Fette, Kohlenhydrate) und Mikronährstoffe (Vitamine, Mineralien, Phytonährstoffe). Jeder dieser Nährstoffe spielt eine besondere Rolle für die Zellgesundheit.

Proteine sind die Bausteine der Zellen. Eine ausreichende Proteinzufuhr stellt sicher, dass Ihr Körper Gewebe reparieren und regenerieren kann. Wenn Protein verdaut wird, wird es in Aminosäuren zerlegt – einige davon kann Ihr Körper nicht selbst herstellen (diese werden als essentielle Aminosäuren bezeichnet). Dr. Adler betont, dass die Proteinqualität ebenso wichtig ist wie die Quantität. Pflanzliche und tierische Proteine bieten jeweils unterschiedliche Aminosäureprofile und Abwechslung trägt dazu bei, sicherzustellen, dass Sie alle essentiellen Aminosäuren erhalten, die Ihre Zellen benötigen.

Gesunde Fette, insbesondere Omega-3-Fettsäuren, sind für die Integrität der Zellmembranen von grundlegender Bedeutung. Diese Membranen kontrollieren, was in jede Zelle ein- und aus ihr austritt. Wenn Zellmembranen aus hochwertigen Fetten bestehen, funktionieren sie optimal und sorgen für eine ordnungsgemäße Zellkommunikation und einen ordnungsgemäßen Stoffwechsel. Umgekehrt können Transfette und übermäßige Omega-6-Fettsäuren starre, dysfunktionale Zellmembranen erzeugen.

Kohlenhydrate liefern die Energie, die Zellen zum Funktionieren brauchen. Allerdings wirken sich nicht alle Kohlenhydrate gleich auf die Zellen aus. Einfache Zucker verursachen schnelle Blutzuckerspitzen, die Zellkomponenten durch einen Prozess namens Glykation schädigen können – bei dem sich Zuckermoleküle unangemessen an Proteine und Fette binden und deren Funktion beeinträchtigen. Komplexe Kohlenhydrate aus Gemüse, Vollkorn und Hülsenfrüchten liefern gleichmäßige Energie ohne diese schädlichen Auswirkungen.

Phytonährstoffe sind Pflanzenstoffe, die nicht eindeutig in die Vitamin- oder Mineralstoffkategorien passen, aber dennoch enorme Vorteile für die Zellgesundheit bieten. Die leuchtenden Farben in Obst und Gemüse repräsentieren verschiedene Phytonährstofffamilien, jede mit einzigartigen Schutzeigenschaften. Dr. Adler empfiehlt, mindestens 30 verschiedene pflanzliche Lebensmittel pro

Woche zu sich zu nehmen, um eine optimale Mikrobiomgesundheit zu unterstützen – eine Empfehlung, die auf Erkenntnissen des American Gut Project basiert.

Antioxidative Vitamine (A, C, E) und Mineralien (Selen, Zink) helfen, freie Radikale zu neutralisieren. B-Vitamine erleichtern die Energieproduktion in den Kraftwerken der Zelle, den Mitochondrien. Vitamin D beeinflusst, wie Gene in Zellen exprimiert werden. Zusammen schaffen diese Nährstoffe eine Umgebung, in der Zellen gedeihen können.

Der Zusammenhang zwischen Ernährung und Alterung

Das Altern findet auf zellulärer Ebene statt und viele Alterungsprozesse werden direkt von der Ernährung beeinflusst. Einer der faszinierendsten Forschungsbereiche betrifft Telomere – Schutzkappen auf unseren Chromosomen, die bei jeder Zellteilung kürzer werden. Wenn Telomere zu kurz werden, können sich Zellen nicht mehr richtig teilen, was zur Alterung des Gewebes führt.

Dr. Adler verweist auf eine bemerkenswerte Studie aus dem Jahr 2008, bei der Männer drei Monate lang eine überwiegend pflanzliche, fettarme Ernährung befolgten und täglich 30-minütige Spaziergänge machten. Die Ergebnisse waren verblüffend: Die Aktivität der Telomerase (des Enzyms, das Telomere wiederaufbaut) nahm um 30-80 % zu. Darüber hinaus verloren die Teilnehmer Gewicht, verbesserten ihren Cholesterinspiegel, senkten ihren Blutdruck, verbesserten ihre Lebergesundheit und verringerten Entzündungsmarker in ihrem Blut.

Ein weiterer Aspekt der Zellalterung betrifft seneszente Zellen – manchmal auch „Zombiezellen" genannt. Diese Zellen teilen sich nicht mehr, sterben aber auch nicht richtig ab. Stattdessen setzen sie entzündliche Stoffe frei, die die umliegenden gesunden Zellen schädigen. Die Ernährung kann beeinflussen, wie schnell sich seneszente Zellen ansammeln und wie effektiv der Körper sie abbaut.

Autophagie – der zelluläre „Selbstreinigungsprozess" – ist ein weiterer wichtiger Mechanismus des Alterns. Wenn die Autophagie effektiv funktioniert, bauen Zellen beschädigte Bestandteile ab und recyceln sie, wodurch die Zelljugend erhalten bleibt. Bestimmte Ernährungsgewohnheiten, insbesondere periodisches Fasten, aktivieren die Autophagie. Dr. Adler erörtert die Vorteile von Fastenperioden, die vom intermittierenden Fasten (16 Stunden ohne Nahrung) bis hin zu längeren Protokollen wie der Fasten-ähnlichen Diät reichen, die vom Gerontologen Dr. Walter Longo entwickelt wurde und bei der an fünf aufeinanderfolgenden Tagen im Monat täglich etwa 800 pflanzliche Kalorien aufgenommen werden.

Zelluläre Entzündungen, die oft durch schlechte Ernährung ausgelöst werden, beschleunigen die Alterung. Lebensmittel mit hohem Gehalt an raffiniertem Zucker, verarbeiteten Fetten und künstlichen Zusatzstoffen fördern Entzündungen, während Omega-3-Fettsäuren, buntes Gemüse und polyphenolreiche Lebensmittel wie Beeren, Olivenöl und Tee helfen, sie zu reduzieren.

Dr. Adler weist darauf hin, dass Lebensstilfaktoren zu 70-90 % zur Langlebigkeit beitragen, während genetische Faktoren nur 10-30 % ausmachen. Diese ermutigende Perspektive unterstreicht, wie viel Kontrolle wir über den Alterungsprozess durch Ernährung und andere Lebensstilentscheidungen haben.

WIE SICH ERNÄHRUNG AUF IHRE HAUT, ENERGIE UND VITALITÄT AUSWIRKT

Ihre Haut – das größte Organ des Körpers – ist ein sichtbares Spiegelbild der Zellgesundheit. Als Dermatologe beobachtet Dr. Adler regelmäßig den Zusammenhang zwischen Ernährung und Hautbild. Der Unterschied zwischen sonnenexponierter Gesichtshaut und geschützter Haut (wie dem Gesäß) veranschaulicht dramatisch, wie äußere Faktoren die Hautalterung beeinflussen. In ähnlicher Weise beeinflusst die Ernährung die Haut von innen.

Bestimmte Nährstoffe spielen eine direkte Rolle bei der Erhaltung der Hautstruktur und -funktion. Kollagen – das Protein, das der Haut ihre Festigkeit verleiht – benötigt Vitamin C für die Produktion. Hyaluronsäure, die die Haut mit Feuchtigkeit versorgt, nimmt mit dem Alter ab, kann aber durch die Ernährung unterstützt werden. Gesunde Fette tragen zur Feuchtigkeitsbarriere der Haut bei.

Dr. Adler beschreibt, wie der Verzehr von Beta-Carotin-reichen Lebensmitteln wie Karottensaft tatsächlich schützende Verbindungen in der Haut ablagert und für eine dezente, gesunde Farbe sorgt, die laut Forschung als attraktiver empfunden wird als künstliche Bräunung. Dieser Schutzeffekt erhöht den natürlichen Sonnenschutz Ihrer Haut sogar um das Zwei- bis Dreifache.

Über die Haut hinaus hat die Zellernährung direkten Einfluss auf das Energieniveau. Mitochondrien – die „Kraftwerke" der Zellen – benötigen bestimmte Nährstoffe, um effizient Energie zu produzieren. B-Vitamine, Coenzym Q10, Magnesium und Eisen unterstützen die Funktion der Mitochondrien. Wenn diese Nährstoffe fehlen, stockt die Energieproduktion, was zu Müdigkeit und verminderter Vitalität führt.

Der Hormonhaushalt, ein weiterer Aspekt der Vitalität, wird maßgeblich durch die Ernährung beeinflusst. Übermäßiger Zuckerkonsum stört die Insulinregulierung.

Bestimmte Pflanzenstoffe (Phytoöstrogene) modulieren die Hormonaktivität sanft. Eine gesunde Fettaufnahme liefert die Rohstoffe für die Hormonproduktion.

Die Schlafqualität – grundlegend für Energie und Vitalität – wird durch den Ernährungszustand beeinflusst. Dr. Adler weist darauf hin, dass Melatonin, unser Schlafhormon, mit dem Alter abnimmt und eine schützende Rolle für die Zellen spielt. Die richtige Ernährung unterstützt die natürliche Melatoninproduktion und die allgemeine Schlafarchitektur.

ERNÄHRUNG UND ZELLULÄRE ENTGIFTUNG

Unsere Zellen verfügen über hochentwickelte Mechanismen zur Beseitigung von Abfallprodukten und zur Reparatur von Schäden, doch diese Systeme benötigen Nährstoffunterstützung. Die Leber – unser wichtigstes Entgiftungsorgan – ist auf bestimmte Nährstoffe angewiesen, um schädliche Verbindungen in Formen umzuwandeln, die sicher ausgeschieden werden können.

Dr. Adler betont, wie wichtig es ist, diese natürlichen Entgiftungsprozesse zu unterstützen, anstatt extreme „Entgiftungskuren" durchzuführen. Der Körper entgiftet kontinuierlich, aber wir können diesen Prozess durch die Ernährung optimieren.

Schwefelhaltige Lebensmittel wie Knoblauch, Zwiebeln und Kreuzblütler liefern Verbindungen, die die Entgiftungsenzyme der Leber unterstützen. Bittere Lebensmittel regen den Gallenfluss an und unterstützen die Ausscheidung fettlöslicher Giftstoffe. Dr. Adler weist darauf hin, dass bittere Aromen aus modernen Produkten weitgehend herausgezüchtet wurden, um den Vorlieben der Verbraucher zu entsprechen, was möglicherweise ihren gesundheitlichen Nutzen verringert.

Eine ausreichende Flüssigkeitszufuhr ist für die Entgiftung der Zellen von grundlegender Bedeutung und hilft dabei, wasserlösliche Abfallprodukte über die Nieren auszuspülen. Ballaststoffe – sowohl lösliche als auch unlösliche – helfen dabei, Giftstoffe über den Verdauungstrakt zu entfernen. Dr. Adler empfiehlt insbesondere Akazienfasern als hervorragende lösliche Faserquelle, die nützliche Darmbakterien unterstützt und gleichzeitig zu einer gesunden Ausscheidung beiträgt.

Das Darmmikrobiom spielt eine überraschend wichtige Rolle bei der Entgiftung. Nützliche Bakterien helfen dabei, bestimmte Giftstoffe zu verarbeiten und auszuscheiden, bevor sie absorbiert werden können. Sie produzieren auch kurzkettige Fettsäuren, die die Dickdarmzellen nähren und die Integrität der Darmbarriere unterstützen, wodurch verhindert wird, dass Giftstoffe in den Kreislauf gelangen.

Körperliche Aktivität fördert die Entgiftung der Zellen, indem sie die Durchblutung, den Lymphfluss und die Schweißproduktion steigert. Dr. Adler empfiehlt verschiedene Trainingsroutinen, um dem Körper unterschiedliche Reize zu geben – ein Prinzip namens Hormesis, bei dem mäßiger Stress positive Anpassungen auslöst.

Periodisches Fasten oder Kalorienbeschränkung aktiviert zelluläre Reinigungsmechanismen, insbesondere die Autophagie. Dieser Selbstreinigungsprozess beseitigt beschädigte Zellbestandteile und verjüngt die Zellfunktion. Die Fasten-ähnliche Diät, die Dr. Adler empfiehlt, liefert genügend Kalorien, um ein angenehmes Wohlbefinden aufrechtzuerhalten, und löst gleichzeitig diese vorteilhaften zellulären Reinigungsmechanismen aus.

Indem Sie die natürlichen Entgiftungssysteme Ihres Körpers durch die Ernährung unterstützen, reduzieren Sie die Belastung Ihrer Zellen durch Abfallprodukte und Giftstoffe und ermöglichen Ihren Zellen, optimal zu funktionieren. Dies führt zu mehr Energie, klarerem Denken, einem schöneren Hautbild und einer verbesserten allgemeinen Gesundheit.

Die Rezepte in diesem Buch beinhalten diese Prinzipien der Zellernährung und machen es einfach, Ihre 37 Billionen Zellen mit jeder Mahlzeit zu unterstützen. Im weiteren Verlauf werden wir Dr. Adlers spezifische Empfehlungen zur Zusammenstellung einer Ernährung untersuchen, die die Zellgesundheit und Langlebigkeit fördert.

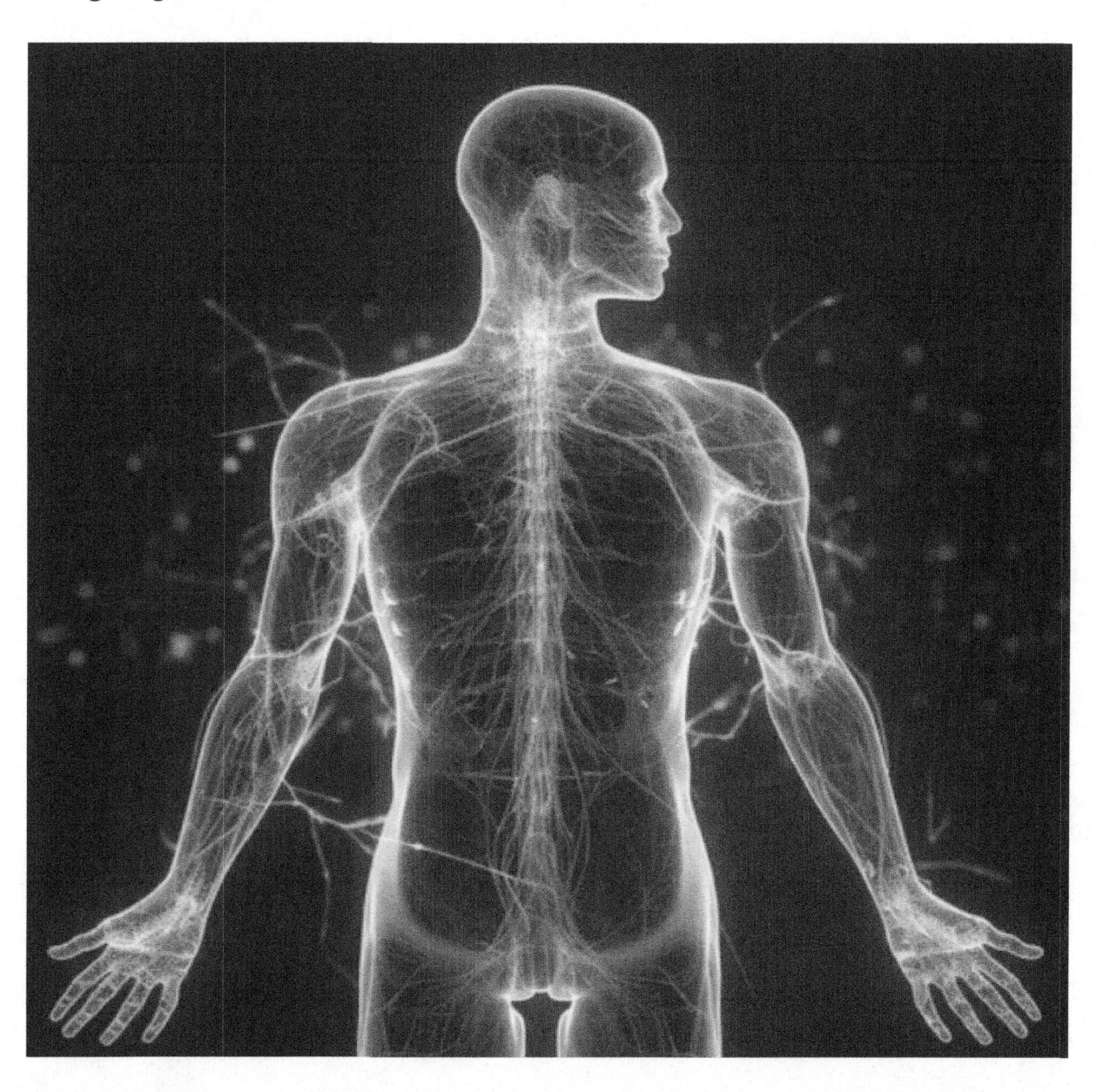

Dr. Amelia Vital

KAPITEL 2: DR. ADLERS PRINZIPIEN FÜR EINE STRAHLENDE GESUNDHEIT

Pflanzenorientierte Ernährung für optimale Gesundheit

Der Grundstein von Dr. Adlers Ernährungsphilosophie ist einfach: „Essen Sie mehr Pflanzen." Das bedeutet nicht unbedingt, dass Sie sich streng vegetarisch oder vegan ernähren müssen, sondern dass Sie darauf achten sollten, dass Ihr Teller hauptsächlich aus Pflanzen besteht. Pflanzen liefern eine Reihe von Nährstoffen, die tierische Lebensmittel nicht liefern können, insbesondere Ballaststoffe und Tausende von Schutzstoffen, die Wissenschaftler immer wieder entdecken.

Dr. Adler empfiehlt ausdrücklich, jede Woche 30 verschiedene pflanzliche Lebensmittel zu sich zu nehmen. Das mag zunächst entmutigend klingen, aber denken Sie daran, dass Kräuter, Gewürze, Nüsse, Samen, Hülsenfrüchte, Obst und Gemüse alle zählen. Sogar Ihr Morgenkaffee trägt zu diesem Ziel bei! Diese Vielfalt unterstützt direkt die mikrobielle Vielfalt in Ihrem Darm, was laut Forschung des American Gut Project zu besseren Gesundheitsergebnissen führt.

Was macht eine pflanzenbetonte Ernährung so effektiv? Pflanzen enthalten Ballaststoffe, die nützliche Darmbakterien ernähren. Sie sind reich an Antioxidantien, die Zellen vor Schäden schützen. Sie wirken natürlich entzündungshemmend. Und was vielleicht am wichtigsten ist: Sie haben in der

Regel weniger Kalorien als tierische Produkte, sodass Sie sättigende Portionen essen und gleichzeitig ein gesundes Gewicht halten können.

Das bedeutet nicht, dass Sie tierische Produkte gänzlich streichen müssen. Qualität ist enorm wichtig, wenn Sie tierische Lebensmittel in Ihre Ernährung aufnehmen. Dr. Adler weist darauf hin, dass richtig zubereitete Knochenbrühe beispielsweise Kollagenpeptide liefert, die die Hautelastizität und die Gesundheit der Gelenke unterstützen – Vorteile, die allein aus pflanzlichen Quellen nur schwer zu erzielen sind. Der Schlüssel liegt darin, Pflanzen zum Star Ihres Tellers zu machen und tierische Produkte eher als Beilage oder unterstützende Elemente zu betrachten.

Die deutsche Küche enthält traditionell viel Fleisch, aber es gibt auch eine reiche Tradition pflanzlicher Lebensmittel, die es wert sind, wiederentdeckt zu werden. Von Sauerkraut (reich an Probiotika) bis hin zu herzhaftem Wurzelgemüse, Linsen und dunklem Roggenbrot passen viele traditionelle deutsche Lebensmittel perfekt zu diesem pflanzlichen Ansatz. Die Rezepte in diesem Buch ehren diese Traditionen und betonen gleichzeitig die pflanzlichen Bestandteile, die die Zellgesundheit unterstützen.

MIKROBIOMFREUNDLICHE LEBENSMITTEL VERSTEHEN

Dr. Adler betont häufig die zentrale Rolle der Darmgesundheit für das allgemeine Wohlbefinden. Das Mikrobiom – die Ansammlung von Bakterien, Pilzen und anderen Mikroorganismen, die in unserem Verdauungstrakt leben – beeinflusst alles von der Immunfunktion bis zur psychischen Gesundheit, dem Aussehen der Haut und dem Stoffwechsel. Wenn ich mit Ernährungspatienten spreche, nenne ich den Darm aufgrund seiner weitreichenden Auswirkungen oft unser „zweites Gehirn".

Was macht ein Lebensmittel „mikrobiomfreundlich"? Die wichtigste Überlegung sind Ballaststoffe – nicht nur die Gesamtmenge, sondern verschiedene Arten. Dr. Adler empfiehlt insbesondere lösliche Ballaststoffe wie Akazienfasern, Leinsamen und Flohsamenschalen. Diese ernähren nützliche Bakterien, die dann kurzkettige Fettsäuren produzieren, die die Dickdarmzellen nähren und Entzündungen im gesamten Körper reduzieren. Sie erwähnt, dass die einfache Zugabe einer kleinen Menge Akazienfasern zum Wasser täglich vielen Menschen geholfen hat, ihre Verdauungsfunktion zu verbessern und sogar Gewicht zu verlieren.

Präbiotische Lebensmittel – also solche, die speziell nützliche Bakterien ernähren – verdienen besondere Aufmerksamkeit. Dazu gehören leicht unreife Bananen, Topinambur, Löwenzahnblätter, Knoblauch, Zwiebeln, Lauch und Spargel. Der regelmäßige Verzehr dieser Lebensmittel nährt die „guten Bürger" Ihres Mikrobioms.

Ebenso wichtig sind probiotische Lebensmittel, die nützliche Bakterien direkt einführen. Dr. Adler empfiehlt insbesondere nicht pasteurisiertes Sauerkraut, Kefir, traditionellen griechischen Joghurt und effektive Mikroorganismen (EM) – ein probiotisches Getränk, das von langlebigen Okinawanern konsumiert wird. Wenn Sie diese Lebensmittel regelmäßig in Ihre Ernährung aufnehmen, füllen Sie die Populationen nützlicher Bakterien wieder auf.

Auch der Zeitpunkt der Nahrungsaufnahme beeinflusst die Gesundheit des Mikrobioms. Perioden ohne Nahrung, sei es durch intermittierendes Fasten oder Dr. Longos Fasten-ähnliche Diät, ermöglichen dem Darm, sich auszuruhen und zu erholen. Diese periodische Leere gibt dem Mikrobiom Zeit, sich wieder ins Gleichgewicht zu bringen, was oft beeindruckende gesundheitliche Vorteile mit sich bringt. Dr. Adler meint, dass selbst eine monatliche fünftägige Periode mit der

Aufnahme von etwa 800 pflanzlichen Kalorien die Darmfunktion deutlich wiederherstellen kann.

DIE KRAFT VON PHYTONÄHRSTOFFEN UND ANTIOXIDANTIEN

Pflanzen enthalten Tausende von Verbindungen, die über grundlegende Vitamine und Mineralien hinausgehen. Diese Phytonährstoffe verleihen Pflanzen ihre Farbe, ihren Geschmack und ihr Aroma – und bieten bemerkenswerte gesundheitliche Vorteile. Dr. Adler beschreibt Phytonährstoffe oft als Zellmedizin, die unseren Körper auf mikroskopischer Ebene schützt.

Die Farbe dient als einfacher Hinweis auf den Phytonährstoffgehalt. Rote Lebensmittel (Tomaten, Wassermelonen, rote Paprika) enthalten Lycopin, das vor UV-Schäden schützt und die Herz-Kreislauf-Gesundheit unterstützt. Dr. Adler empfiehlt insbesondere, täglich einen Esslöffel Tomatenmark zu sich zu nehmen, da es einen konzentrierten Lycopingehalt aufweist.

Orange und gelbe Lebensmittel (Karotten, Süßkartoffeln, Mangos) enthalten Beta-Carotin, das im Körper in Vitamin A umgewandelt wird und die Gesundheit von Haut und Immunsystem unterstützt. Dr. Adler empfiehlt, täglich ein Glas Karottensaft mit einem Tropfen Öl zu trinken. Er weist darauf hin, dass diese Vorgehensweise allmählich zu einem gesunden, leicht orangefarbenen Teint führt, der Studien zufolge als attraktiver wahrgenommen wird als künstliche Bräunung.

Grüne Lebensmittel (Spinat, Grünkohl, Matcha) enthalten Chlorophyll, das die Entgiftung und die Kollagenproduktion unterstützt. Dr. Adler empfiehlt insbesondere Matcha-Tee, der in einem Milchaufschäumer mit Wasser und vielleicht einem Schuss Pflanzenmilch zubereitet wird, um die Bitterkeit zu mildern. Die Catechine in Matcha bieten einen starken antioxidativen Schutz.

Violette und blaue Lebensmittel (Beeren, Rotkohl, Auberginen) enthalten Anthocyane, die die Gesundheit des Gehirns und die Integrität der Blutgefäße unterstützen. Braune Lebensmittel wie Pilze enthalten immunmodulierende Beta-Glucane. Weiße Lebensmittel wie Knoblauch und Zwiebeln liefern Schwefelverbindungen, die die Leberfunktion und die Herz-Kreislauf-Gesundheit unterstützen.

ZELLBALANCE DURCH NAHRUNG HERSTELLEN

Dr. Adlers Ansatz legt den Schwerpunkt auf die Aufrechterhaltung des Gleichgewichts auf zellulärer Ebene. Dazu gehört die Bewältigung von oxidativem Stress (das zelluläre Äquivalent von „Rost"), die Kontrolle von Entzündungen, die Unterstützung zellulärer Reinigungsmechanismen und die Bereitstellung geeigneter Bausteine für die Reparatur.

Oxidativer Stress entsteht durch ein Ungleichgewicht zwischen freien Radikalen (instabile Moleküle, die Zellen schädigen) und Antioxidantien. Während eine gewisse Produktion freier Radikale natürlich und sogar notwendig ist, überfordern übermäßige Mengen die antioxidativen Abwehrkräfte des Körpers. Dr. Adler empfiehlt antioxidantienreiche Lebensmittel anstelle isolierter Nahrungsergänzungsmittel, da Lebensmittel ein ausgewogenes Spektrum an Schutzverbindungen bieten.

Entzündungen stellen einen weiteren zellulären Balanceakt dar. Akute Entzündungen helfen uns bei der Heilung, aber chronische, leichte Entzündungen – oft „stille Entzündungen" genannt – tragen zu Alterung und Krankheiten bei. Dr.

Adler weist darauf hin, dass überschüssiges Körperfett, schlechte Ernährung, Stress und Schlafstörungen stille Entzündungen fördern. Zu den entzündungshemmenden Lebensmitteln gehören fetter Fisch, Olivenöl, buntes Obst und Gemüse, Nüsse, Samen und Gewürze wie Kurkuma und Ingwer.

Die Zellreinigung – hauptsächlich durch Autophagie – erfordert eine periodische Energiebeschränkung. Stellen Sie es sich so vor, als würden Sie Ihren Zellen Zeit geben, den Müll rauszubringen. Dr. Adler erklärt, dass intermittierendes Fasten dabei hilft, diesen Prozess auszulösen, aber längere Zeiträume (bis zu 72 Stunden) oder eine Fasten-ähnliche Diät (etwa 800 pflanzliche Kalorien täglich an fünf aufeinanderfolgenden Tagen) können deutlichere Vorteile bieten.

Hormesis – das Konzept, dass leichter Stress positive Anpassungen auslöst – spielt ebenfalls eine Rolle für das Zellgleichgewicht. Dr. Adler erwähnt mehrere hormetische Praktiken: das Variieren von Trainingsroutinen, anstatt immer wieder dasselbe Training zu machen, das Aussetzen extremer Temperaturen (wie kurze kalte Duschen oder Saunabesuche) und der Verzehr bitterer Pflanzenstoffe, die die Zellen auf eine Weise leicht belasten, die sie letztlich stärkt.

BALANCE FINDEN OHNE PERFEKTIONISMUS

Der vielleicht erfrischendste Aspekt von Dr. Adlers Ansatz ist ihre Ablehnung des Perfektionismus in der Ernährung. Sie betont, dass es bei Gesundheit nicht darum geht, strenge Regeln zu befolgen, sondern nachhaltige Muster zu schaffen. Als jemand, der sich seit Jahrzehnten mit Ernährung beschäftigt, finde ich diese Perspektive befreiend und realistisch.

Dr. Adler weist darauf hin, dass unser Körper Routine, aber keine Monotonie braucht. Eine abwechslungsreiche Ernährung hält den Stoffwechsel in Gang und versorgt ihn mit verschiedenen Nährstoffen. Sie nennt als Beispiel Sport: Wenn Sie dieselbe Joggingstrecke im selben Tempo laufen, wird Ihre Fitness nicht weiter verbessert; Sie müssen Abwechslung schaffen, um die Anpassung zu fördern. Dasselbe Prinzip gilt für die Ernährung.

Das Konzept der Ausgewogenheit erstreckt sich auch auf den reinen Genuss von Lebensmitteln. Dr. Adler erwähnt ausdrücklich, dass gelegentliche Genüsse wie Kuchen oder Wein zu einem gesunden Leben dazugehören. Sie scherzt, dass nichts weniger ansprechend sei als Ernährungsexperten, die abends nicht mit anderen ausgehen, weil sie ihr frühes Abendessen um 17 Uhr bereits gegessen haben!

Dieser ausgewogene Ansatz erkennt an, dass Stress selbst – einschließlich Stress hinsichtlich der „perfekten" Ernährung – der Gesundheit schaden kann. Wenn wir uns zu sehr auf die Reinheit der Nährstoffe konzentrieren, können wir Stressreaktionen auslösen, die den Vorteilen gesunder Lebensmittel entgegenwirken. Wenn wir Freude am Essen haben, werden hormonelle Reaktionen ausgelöst, die die Nährstoffaufnahme und den Stoffwechsel tatsächlich verbessern.

Dr. Adler weist auch darauf hin, dass verschiedene Organe unterschiedlich schnell altern. Jemand kann faltige Haut, aber starke Knochen haben oder graues Haar, aber ein jugendliches Immunsystem. Dieser unterschiedliche Alterungsprozess bedeutet, dass wir nicht in allen Gesundheitsbereichen gleichzeitig hervorragende Leistungen erbringen müssen. Wir können uns auf Bereiche konzentrieren, in denen wir persönlich mehr Unterstützung benötigen, und gleichzeitig in anderen Bereichen vernünftige Praktiken beibehalten.

Die Rezepte in diesem Buch spiegeln diese ausgewogene Philosophie wider. Sie finden sowohl nahrhafte Alltagsgerichte als auch Leckereien für zwischendurch, die so konzipiert sind, dass sie die gesundheitlichen Auswirkungen minimieren und den Genuss maximieren. Sie werden Möglichkeiten entdecken, traditionelle deutsche Lieblingsgerichte anzupassen, um ihren Nährwert zu erhöhen, ohne dabei die kulturelle Verbindung oder den Geschmack zu opfern.

Am wichtigsten ist, dass Sie lernen, Essen als Information, Medizin und Genuss zu betrachten – manchmal sogar gleichzeitig. Diese integrierte Perspektive ermöglicht es, dass Essen nicht nur Ihre Zellen nährt, sondern auch Ihre Sinne, sozialen Verbindungen und Ihre kulturelle Identität. Sie macht gesunde Ernährung nachhaltig und nicht einschränkend.

KAPITEL 3: AUSSTATTUNG IHRER SMARTEN KÜCHE

Nachdem wir nun die Zellwissenschaft hinter der Ernährung und die Kernprinzipien von Dr. Adler verstanden haben, ist es an der Zeit, diese Konzepte in die Praxis umzusetzen. Die Küche dient sowohl als Labor als auch als Studio, in dem gesundheitsfördernde Mahlzeiten zum Leben erweckt werden. Wenn Sie Ihre Küche durchdacht einrichten, schaffen Sie eine Umgebung, in der gesunde Entscheidungen fast mühelos getroffen werden.

WICHTIGE VORRATSWAREN FÜR GESUNDHEITSFÖRDERNDE MAHLZEITEN

Eine gut gefüllte Speisekammer macht die Zubereitung nahrhafter Mahlzeiten einfacher und angenehmer. Nach Dr. Adlers Empfehlungen verdienen bestimmte Lebensmittel einen festen Platz in Ihrer Küche. Diese Zutaten bilden die Grundlage der Rezepte in diesem Buch und helfen Ihnen, die besprochenen Prinzipien der Zellernährung umzusetzen.

Beginnen wir mit Tomatenprodukten, insbesondere Tomatenmark. Dr. Adler empfiehlt, täglich einen Esslöffel davon zu sich zu nehmen, da es einen konzentrierten Lycopingehalt hat. Halten Sie mehrere Tuben oder kleine Dosen bereit und verwenden Sie sie in Suppen, Eintöpfen und Soßen. Doppelt konzentriertes Tomatenmark bietet sogar noch mehr Lycopin pro Portion.

Zerkleinerte Tomaten und Passata (passierte Tomaten) eignen sich ebenfalls hervorragend als Vorratszutat für schnelle Soßen und Suppen.

Gesunde Öle verdienen besondere Aufmerksamkeit. Natives Olivenöl extra enthält Oleocanthal und andere entzündungshemmende Polyphenole. Kaltgepresstes Leinsamenöl enthält Omega-3-Fettsäuren, sollte aber nie erhitzt werden – verwenden Sie es für Dressings und zum Verfeinern von Gerichten. Kleine Flaschen mit Spezialölen wie Walnuss-, Kürbiskern- und Schwarzkümmelöl verleihen Geschmack und gesundheitliche Vorteile, wenn sie über fertige Gerichte geträufelt werden.

Vollkornprodukte sollten sowohl deutsche Lieblingssorten als auch internationale Alternativen umfassen. Traditionelle deutsche Getreidesorten wie Roggen, Dinkel und Gerste bieten hervorragende Nährstoffe. Erwägen Sie, weniger bekannte Getreidesorten wie Amaranth, Buchweizen und Hirse für Abwechslung hinzuzufügen. Denken Sie an Dr. Adlers Empfehlung, wöchentlich 30 verschiedene pflanzliche Lebensmittel zu sich zu nehmen – verschiedene Getreidesorten tragen zu diesem Ziel bei.

Nüsse und Samen liefern gesunde Fette, Proteine und Mineralien. Bewahren Sie eine Auswahl davon in Ihrem Gefrierschrank auf, um Ranzigwerden zu verhindern: Walnüsse (Omega-3-Fettsäuren), Mandeln (Kalzium), Kürbiskerne (Zink), Sonnenblumenkerne (Vitamin E), Leinsamen (Lignane und Ballaststoffe) und Chiasamen (Omega-3-Fettsäuren und Schleimstoffe für die Darmgesundheit). Dr. Adler empfiehlt insbesondere Kürbiskerne als hervorragende Quelle für Spermidin, das die zellulären Reinigungsprozesse unterstützt.

Hülsenfrüchte bieten Protein, Ballaststoffe und resistente Stärke, die nützliche Darmbakterien nährt. Halten Sie sowohl Konserven (für mehr Bequemlichkeit) als auch getrocknete Varianten (für mehr Sparsamkeit und Kochkontrolle) bereit. Linsen verdienen besondere Erwähnung wegen ihrer kurzen Kochzeit und ihres außergewöhnlichen Nährwertprofils. Traditionelle deutsche Linsengerichte passen perfekt zu Dr. Adlers Schwerpunkt auf darmfreundliche Lebensmittel.

FRISCHE LEBENSMITTEL-GRUNDLAGEN

Während Vorratsartikel praktisch sind, liefern frische Lebensmittel die aktivsten Phytonährstoffe für die Zellgesundheit. Die Entwicklung einer zuverlässigen Routine zur Vorratshaltung bestimmter frischer Lebensmittel unterstützt Ihre täglichen Gesundheitsziele.

Karotten gelten in Dr. Adlers Empfehlungen als Grundnahrungsmittel. Halten Sie genug davon vorrätig, um mehrmals wöchentlich frischen Karottensaft zuzubereiten. Sie schlägt vor, täglich ein Glas mit einem Tropfen Öl zu trinken, um die Aufnahme von Beta-Carotin zu verbessern. Sie weist darauf hin, dass diese Vorgehensweise allmählich zu einem gesunden Glanz der Haut führt, der Studien zufolge als attraktiver empfunden wird als künstliche Bräunung.

Dunkles Blattgemüse liefert Chlorophyll, Folsäure und Vitamin K. Wechseln Sie zwischen verschiedenen Sorten: Spinat, Grünkohl, Mangold, Rucola und traditionelles deutsches Blattgemüse wie Grünkohl. Achten Sie beim Einkauf auf tief gefärbte Blätter, die nicht welken oder vergilben. Schon eine kleine Portion täglich liefert erhebliche Nährstoffe.

Lauchgemüse – Knoblauch, Zwiebeln, Lauch und Schalotten – enthalten Schwefelverbindungen, die die Leberfunktion und die Herz-Kreislauf-Gesundheit unterstützen. Dr. Adler weist darauf hin, dass diese auch als Präbiotika wirken und nützliche Darmbakterien ernähren. Halten Sie eine Auswahl davon bereit und verwenden Sie sie in den meisten herzhaften Gerichten.

Frische Kräuter liefern konzentrierte Phytonährstoffe und verwandeln einfache Gerichte in schmackhafte Mahlzeiten ohne überschüssiges Salz oder Fett. Ziehen Sie Kräuter auf der Fensterbank oder bewahren Sie robuste Sorten wie Rosmarin, Thymian und Salbei in Ihrem Kühlschrank auf. Weichere Kräuter wie Petersilie, Dill und Basilikum können in Öl eingelegt oder in Eiswürfelschalen mit Wasser eingefroren werden, um ihre Haltbarkeit zu verlängern.

Saisonale Früchte sorgen das ganze Jahr über für Abwechslung. Die Beerensaison bietet Anthocyane, die die Blutgefäße schützen und die Gesundheit des Gehirns unterstützen. Die Steinobstsaison bringt Beta-Carotin und Vitamin C. Die Apfel- und Birnensaison liefert Pektin für die Darmgesundheit. Wählen Sie nach Möglichkeit Bio-Obst mit essbarer Schale, um die Belastung durch Pestizide zu minimieren.

KÜCHENGERÄTE, DIE GESUNDES KOCHEN EINFACHER MACHEN

Mit der richtigen Ausrüstung wird die Zubereitung frischer, vollwertiger Lebensmittel effizienter und angenehmer. Basierend auf den Rezepten in diesem Buch und den Empfehlungen von Dr. Adler helfen bestimmte Werkzeuge dabei, einfache Zutaten in Mahlzeiten zu verwandeln, die die Zellgesundheit unterstützen.

Mit einem hochwertigen Entsafter können Sie Dr. Adlers Empfehlung für frischen Karottensaft befolgen. Suchen Sie nach Modellen, die ein Maximum an Saft extrahieren und gleichzeitig die Nährstoffe erhalten. Kaltpress- oder Kau-Entsafter sind Zentrifugen-Modellen in der Regel in Bezug auf die Nährstofferhaltung überlegen, benötigen jedoch mehr Platz auf der Arbeitsfläche und Reinigungszeit. Selbst ein einfacher Entsafter bietet Vorteile, wenn er regelmäßig verwendet wird.

Eine Küchenmaschine oder ein Hochleistungsmixer verkürzt die Zubereitungszeit für viele Rezepte in diesem Buch erheblich. Mit diesen Geräten können Sie schnell Gemüsesaucen, hausgemachte Nussbutter, Energiebällchen und Smoothies zubereiten. Die Möglichkeit, Vollwertkost in praktische Formen zu verwandeln, erleichtert die Beibehaltung gesunder Gewohnheiten erheblich.

Scharfe Messer sind zwar selbstverständlich, aber ihre Bedeutung kann nicht genug betont werden. Stumpfe Messer machen die Gemüsezubereitung mühsam und potenziell gefährlich. Investieren Sie in mindestens drei gute Messer: ein Kochmesser, ein Schälmesser und ein gezacktes Brotmesser. Halten Sie sie durch regelmäßiges Wetzen und gelegentliches professionelles Schärfen scharf.

Vorratsbehälter aus Glas reduzieren den Plastikverbrauch und halten zubereitete Lebensmittel frisch. Wählen Sie Behälter, die vom Gefrierschrank in den Ofen passen, für maximale Vielseitigkeit. Quadratische oder rechteckige Formen lassen sich effizient in Kühlschränken und Gefrierschränken stapeln. Verschiedene Größen ermöglichen verschiedene Portionsgrößen für die Zubereitung von Mahlzeiten.

Mit einem Schnellkochtopf oder Multikocher (wie einem Instant Pot) können Bohnen, Vollkornprodukte und Knochenbrühe viel schneller zubereitet werden. Dr. Adler empfiehlt Knochenbrühe wegen ihres Kollagengehalts, der die Hautelastizität unterstützt. Ein Schnellkochtopf verkürzt die Kochzeit von über 12 Stunden auf nur 2-3 Stunden und extrahiert dabei ein Maximum an Nährstoffen.

INTELLIGENTE LEBENSMITTELLAGERUNG FÜR MAXIMALE NÄHRSTOFFE

Die Art und Weise, wie Sie Lebensmittel lagern, hat großen Einfluss auf deren Nährwert. Wenn Sie optimale Lagerungsmethoden kennen, können Sie Phytonährstoffe erhalten, Abfall reduzieren und Geld sparen – und gleichzeitig Ihre Gesundheitsziele unterstützen.

Eine gute Kühlschrankorganisation trägt zu einer besseren Ernährung bei. Bewahren Sie Obst und Gemüse in getrennten Fächern auf, da viele Obstsorten Ethylengas freisetzen, das das Reifwerden und das potenzielle Verderben von Gemüse beschleunigt. Halten Sie Kräuter frisch, indem Sie sie wie Schnittblumen behandeln – schneiden Sie die Stiele ab und stellen Sie sie in ein Glas Wasser mit einer lockeren Plastiktüte über den Blättern. Lagern Sie Blattgemüse mit einem Papiertuch, um überschüssige Feuchtigkeit aufzunehmen.

Der Gefrierschrank ist ein hervorragendes Hilfsmittel, um saisonale Vorräte aufzubewahren und Lebensmittelabfälle zu vermeiden. Blanchieren Sie Gemüse kurz vor dem Einfrieren, um Farbe, Konsistenz und Nährstoffe zu erhalten. Frieren Sie Beeren in einzelnen Lagen auf Backblechen ein, bevor Sie sie in Behälter füllen, um ein Verklumpen zu verhindern. Kräuter können gehackt und in Eiswürfelschalen mit Öl oder Wasser eingefroren werden, um sie einfach in die Winterküche zu integrieren.

Fermentation bietet sowohl Konservierung als auch eine verbesserte Ernährung. Dr. Adler empfiehlt insbesondere nicht pasteurisiertes Sauerkraut wegen seiner probiotischen Vorteile. Wenn Sie grundlegende Fermentationstechniken lernen, können Sie Kohl, Karotten, Rüben und anderes Gemüse in darmunterstützende

Lebensmittel verwandeln, die in gekühlter Lagerung monatelang haltbar sind. Die Rezepte in diesem Buch umfassen mehrere anfängerfreundliche Fermentationsprojekte.

Die richtige Lagerung von Ölen verhindert, dass das Öl ranzig wird und Nährstoffe abgebaut werden. Lagern Sie Öle in dunklen Glasflaschen fern von Hitze und Licht. Kühlen Sie empfindliche Öle wie Leinsamen-, Walnuss- und Kürbiskernöl. Auch Olivenöl profitiert von einer kühlen Lagerung, obwohl es im Kühlschrank fest werden kann (das schadet dem Öl nicht – lassen Sie es einfach auf Zimmertemperatur erwärmen, bevor Sie es verwenden).

Die Frische von Kräutern und Gewürzen ist sowohl für den Geschmack als auch für die Gesundheit wichtig. Ersetzen Sie getrocknete Kräuter und Gewürze jährlich, da ihre flüchtigen Verbindungen mit der Zeit abnehmen. Lagern Sie sie vor Hitze und Licht geschützt in luftdichten Behältern. Erwägen Sie das Einfrieren frischer Kräuter in Öl, damit ihre Phytonährstoffe länger erhalten bleiben.

WOCHENPLANUNG FÜR ERNÄHRUNGSERFOLG

Wenn Sie mit den Empfehlungen von Dr. Adler systematisch an die Essensplanung, den Einkauf und die Zubereitung herangehen, sind Sie auf dem besten Weg zum Erfolg. Sie müssen sich nicht strikt an einen Zeitplan halten, sondern müssen hilfreiche Routinen etablieren, die gesunde Entscheidungen erleichtern.

Beginnen Sie damit, regelmäßige Einkaufstouren – wöchentlich oder zweiwöchentlich – entsprechend Ihrem Lebensstil zu planen. Überprüfen Sie vor dem Einkaufen Ihre Küchenvorräte auf Nachschub und planen Sie Mahlzeiten mit saisonalen Produkten. Deutsche Bauernmärkte bieten hervorragende saisonale

Optionen, oft zu besseren Preisen als Supermärkte. Wenn Sie einen regelmäßigen Einkaufsrhythmus schaffen, können Sie sicherstellen, dass Sie immer frische Zutaten zur Verfügung haben.

Planen Sie Ihre Mahlzeiten mit Bedacht, indem Sie Dr. Adlers Empfehlung berücksichtigen, wöchentlich 30 verschiedene pflanzliche Nahrungsmittel zu sich zu nehmen. Verfolgen Sie die Vielfalt Ihrer pflanzlichen Nahrungsmittel mit einer einfachen Checkliste oder App. Diese Vorgehensweise erhöht das Bewusstsein, ohne zur Belastung zu werden. Denken Sie daran, dass Kräuter, Gewürze, Nüsse und Samen alle zu Ihrer Gesamtmenge zählen.

Das Kochen in großen Mengen spart Zeit und sorgt dafür, dass immer gesunde Mahlzeiten zur Verfügung stehen. Nehmen Sie sich wöchentlich ein paar Stunden Zeit, um Zutaten vorzubereiten, die das Kochen unter der Woche erleichtern: geröstetes Gemüse, gekochte Körner, hausgemachte Salatdressings und zubereitete Proteine. Mit diesen Bausteinen können Sie auch an arbeitsreichen Tagen schnell ausgewogene Mahlzeiten zusammenstellen.

Erwägen Sie die Einbeziehung strukturierter Essgewohnheiten, die die Zellgesundheit unterstützen. Dr. Adler nennt mehrere nützliche Ansätze: zeitbeschränktes Essen (Beschränkung der Mahlzeiten auf ein 8-Stunden-Fenster), gelegentliches Aussetzen des Abendessens (früheres Essen am Abend) oder monatliche 5-Tage-Perioden mit einer Aufnahme von etwa 800 pflanzlichen Kalorien (die Fasten-ähnliche Diät). Planen Sie diese Muster sorgfältig in Ihren normalen Tagesablauf ein.

Denken Sie daran, dass Flexibilität wichtiger ist als Perfektion. Dr. Adler legt Wert darauf, nachhaltige Ansätze zu finden, statt starrer Regeln. Ihr Planungssystem sollte gesellschaftliche Anlässe, Reisen und unerwartete Veränderungen im Leben berücksichtigen. Das Ziel ist die Schaffung einer Umgebung, in der gesunde Entscheidungen der Weg des geringsten Widerstands sind.

Wenn Ihre Küche entsprechend gefüllt, ausgestattet und organisiert ist, können Sie mit der Zubereitung von Mahlzeiten beginnen, die die Prinzipien von Dr. Adler umsetzen.

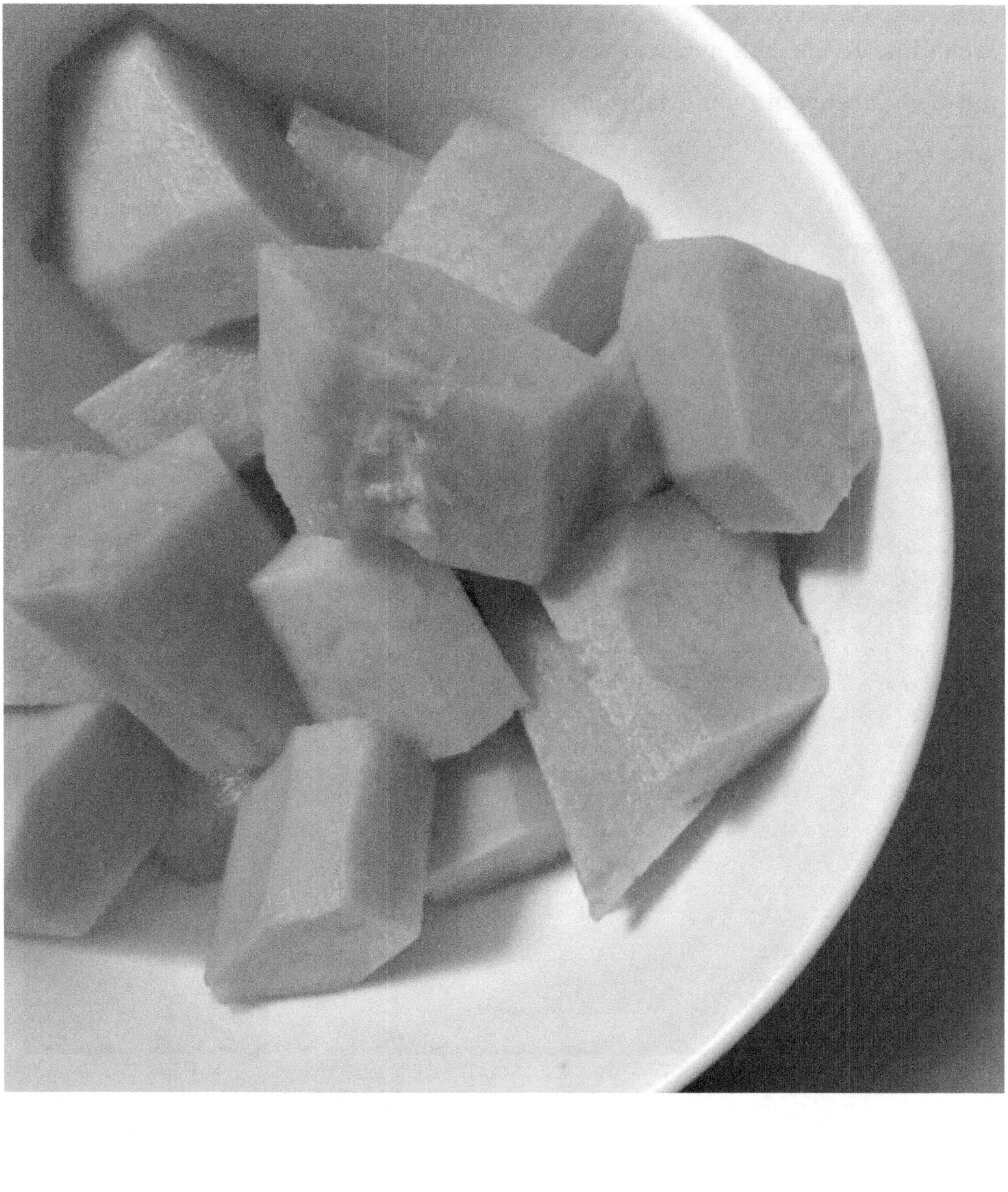

KAPITEL 4: ZELLUNTERSTÜTZENDE FRÜHSTÜCKSESSEN

Matcha-Energiespender am Morgen

Zubereitungszeit: 5 Minuten | Portionen: 1 | Schwierigkeitsgrad: Einfach

Zutaten:

- 1 Teelöffel hochwertiges japanisches Matcha-Pulver
- 240 ml heißes Wasser (80°C, nicht kochend)
- 1 Esslöffel Hafermilch oder andere Pflanzenmilch
- ½ Teelöffel Akazienfaser (optional)
- 1 dünne Scheibe frischer Ingwer (optional)
- 1 Teelöffel Honig oder Ahornsirup (optional)

Verfahren:

1. Geben Sie Matcha-Pulver in eine Keramikschüssel oder einen Becher.
2. Fügen Sie eine kleine Menge heißes Wasser hinzu und schlagen Sie es kräftig in Zickzack-Bewegungen, bis es schaumig ist (verwenden Sie nach Möglichkeit einen herkömmlichen Bambus-Schneebesen oder einen Milchaufschäumer).
3. Restliches Wasser, Hafermilch und optionale Zutaten hinzufügen.
4. Noch einmal kurz verquirlen und sofort trinken, um vom maximalen Gehalt an Antioxidantien zu profitieren.

Nährwertangaben: Reich an Catechinen, die Zellen vor oxidativen Schäden schützen. Enthält L-Theanin für konzentrierte, ruhige Energie ohne die Nervosität von Kaffee. Das Chlorophyll in Matcha unterstützt die Entgiftungsprozesse des Körpers und fördert die Kollagensynthese, wodurch die Hautelastizität verbessert wird. Die Zugabe von Akazienfasern unterstützt nützliche Darmbakterien.

Beta-Carotin-Frühstücksschüssel

Zubereitungszeit: 10 Minuten | Portionen: 1 | Schwierigkeitsgrad: Einfach

Zutaten:

- 120 ml frisch gepresster Karottensaft (ca. 3 große Karotten)
- 60 g Haferflocken
- 2 getrocknete Aprikosen, fein gehackt
- 1 kleine Süßkartoffel, gekocht und zerstampft (ca. 100 g)
- ¼ Teelöffel Zimt
- 1 Teelöffel Leinsamenöl
- 1 Esslöffel Kürbiskerne
- 1 Teelöffel Honig (optional)

Verfahren:

1. Karottensaft in einem kleinen Topf erhitzen, bis er gerade so köchelt.
2. Haferflocken hinzufügen und 2–3 Minuten rühren, bis die Masse eindickt.
3. Gehackte Aprikosen, Süßkartoffelpüree und Zimt unterheben.
4. In eine Schüssel geben und mit Leinsamenöl beträufeln.
5. Bei Verwendung mit Kürbiskernen und Honig bestreuen.

Nährwertangaben: Dieses Frühstück enthält eine starke Dosis Beta-Carotin aus Karotten und Süßkartoffeln, was die Hautgesundheit und die Immunfunktion unterstützt. Das Leinsamenöl verbessert die Aufnahme fettlöslicher Nährstoffe und liefert Omega-3-Fettsäuren. Kürbiskerne liefern Zink und Spermidin, was die zellulären Reinigungsprozesse unterstützt.

Präbiotische Overnight Oats

Zubereitungszeit: 5 Minuten + über Nacht einweichen | Portionen: 1 | Schwierigkeit: Einfach

Zutaten:

- 60 g Haferflocken
- 1 Esslöffel Chiasamen
- 1 Teelöffel Akazienfaser
- 1 leicht grüne Banane, in Scheiben geschnitten
- 180 ml Pflanzenmilch (Mandel-, Hafer- oder Hanfmilch)
- 1 Esslöffel gehackte Walnüsse
- 1 Teelöffel roher Honig (optional)
- ¼ Teelöffel Vanilleextrakt
- Eine Prise Zimt

Verfahren:

1. Kombinieren Sie Hafer, Chiasamen, Akazienfasern und Bananenscheiben in einem Glas oder Behälter mit Deckel.
2. Pflanzenmilch, Vanille und Zimt hinzufügen und gut verrühren.
3. Abdecken und über Nacht oder mindestens 6 Stunden im Kühlschrank aufbewahren.
4. Vor dem Servieren mit Walnüssen und Honig (falls verwendet) bestreuen. Für eine dünnere Konsistenz nach Wunsch zusätzliche Milch hinzufügen.

Nährwertangaben: Dieses Frühstück ist reich an präbiotischen Ballaststoffen, die nützliche Darmbakterien ernähren. Leicht unreife Bananen enthalten resistente Stärke, ein Präbiotikum, das die Darmgesundheit unterstützt. Akazienfasern bieten zusätzliche präbiotische Vorteile und unterstützen die Verdauungsregulierung. Walnüsse liefern Omega-3-Fettsäuren für die Gesundheit der Zellmembranen.

Entzündungshemmender Frühstücks-Smoothie

Zubereitungszeit: 5 Minuten | Portionen: 1 | Schwierigkeitsgrad: Einfach

Zutaten:

- 1 Tasse frische oder gefrorene Blaubeeren
- ½ Gurke, geschält, wenn nicht Bio
- 1 Esslöffel frischer Ingwer, gerieben
- ¼ Teelöffel gemahlener Kurkuma
- Prise schwarzer Pfeffer
- 1 Esslöffel gemahlene Leinsamen
- 1 Esslöffel Hanfsamen
- 240 ml kaltes Wasser oder Kokoswasser
- 1 Teelöffel Zitronensaft
- 3-4 Eiswürfel (optional)

Verfahren:

1. Alle Zutaten in einen Mixer geben.
2. Auf hoher Stufe etwa 60 Sekunden lang mixen, bis eine glatte Masse entsteht.
3. In ein Glas gießen und sofort trinken, um den Nährstoffgehalt zu maximieren.

Nährwertangaben: Dieser Smoothie enthält mehrere entzündungshemmende Verbindungen, die helfen, Zellstress zu reduzieren. Blaubeeren liefern Anthocyane, die Blutgefäße und Gehirnzellen schützen. Kurkuma enthält Curcumin, eine starke entzündungshemmende Verbindung, während schwarzer Pfeffer dessen Aufnahme verbessert. Leinsamen und Hanfsamen enthalten Omega-3-Fettsäuren, die helfen, Entzündungsprozesse zu regulieren.

Darmfreundliches Müsli

Zubereitungszeit: 10 Minuten | Kochzeit: 25 Minuten | Ergibt: ca. 500 g | Schwierigkeitsgrad: Mittel

Zutaten:

- 200 g Haferflocken
- 50 g rohe Buchweizengrütze
- 50 g gemischte Nüsse, grob gehackt
- 30 g Kürbiskerne
- 30 g Sonnenblumenkerne
- 2 Esslöffel Leinsamen
- 2 Esslöffel Chiasamen
- 2 Esslöffel Kokosöl, geschmolzen
- 2 Esslöffel Ahornsirup
- 1 Teelöffel Vanilleextrakt
- 1 Teelöffel Zimt
- ¼ Teelöffel Meersalz

Verfahren:

1. Den Backofen auf 150 °C vorheizen und ein Backblech mit Backpapier auslegen.
2. Mischen Sie alle trockenen Zutaten in einer großen Schüssel.
3. Mischen Sie in einer kleinen Schüssel geschmolzenes Kokosöl, Ahornsirup und Vanilleextrakt.
4. Gießen Sie die flüssigen Zutaten über die trockenen Zutaten und vermischen Sie alles gründlich, bis es gleichmäßig bedeckt ist.
5. Die Mischung gleichmäßig auf dem Backblech verteilen.
6. 20–25 Minuten backen, dabei nach der Hälfte der Zeit umrühren, bis es goldbraun ist.
7. Vor der Lagerung in einem luftdichten Behälter bis zu 2 Wochen lang vollständig abkühlen lassen.
8. Mit Joghurt oder Pflanzenmilch und frischem Obst servieren.

Nährwertangaben: Dieses Müsli liefert verschiedene Ballaststoffquellen, um verschiedene nützliche Darmbakterien zu ernähren. Die Samenmischung bietet ein Spektrum an Mineralien, darunter Zink, Magnesium und Selen, die die Zellfunktion unterstützen. Nüsse liefern gesunde Fette und Proteine für anhaltende Energie. Dieses Rezept enthält weniger Zucker als handelsübliches Müsli und unterstützt einen stabilen Blutzuckerspiegel.

Tomaten-Lycopin-Toast

Zubereitungszeit: 5 Minuten | Kochzeit: 5 Minuten | Portionen: 1 | Schwierigkeitsgrad: Einfach

Zutaten:

- 2 Scheiben Vollkorn-Sauerteigbrot
- 1 Esslöffel natives Olivenöl extra
- 1 Esslöffel Tomatenmark (konzentriertes Püree)
- 1 reife Tomate, in Scheiben geschnitten
- 1 Knoblauchzehe, halbiert
- 5-6 frische Basilikumblätter
- 1 Teelöffel Hanfsamen
- Prise Meersalz und schwarzer Pfeffer
- Prise getrockneter Oregano

Verfahren:

1. Toasten Sie das Brot, bis es goldbraun und knusprig ist.
2. Reiben Sie den warmen Toast mit der Schnittseite des Knoblauchs ein.
3. Jede Scheibe mit Tomatenmark bestreichen.
4. Tomatenscheiben darauf verteilen.
5. Mit Olivenöl beträufeln.
6. Mit Hanfsamen, Salz, Pfeffer und getrocknetem Oregano bestreuen.
7. Mit frischen Basilikumblättern garnieren, bei großen Blättern diese zerzupfen.

Nährwertangaben: Dieses Frühstück enthält viel Lycopin aus dem Tomatenmark, dessen täglichen Verzehr Dr. Adler für eine gesunde Haut und einen besseren Zellschutz empfiehlt. Das Erhitzen des Tomatenmarks erhöht die Bioverfügbarkeit von Lycopin, während Olivenöl die Aufnahme dieses fettlöslichen Nährstoffs verbessert. Der Vollkornsauerteig liefert präbiotische Ballaststoffe für eine gesunde Darmflora und anhaltende Energie.

Mikrobiom-Morgenporridge

Zubereitungszeit: 5 Minuten | Kochzeit: 10 Minuten | Portionen: 1 | Schwierigkeitsgrad: Einfach

Zutaten:

- 40 g Hafergrütze
- 1 Esslöffel Gerstenflocken
- 1 Esslöffel Roggenflocken
- 1 Teelöffel Akazienfaser
- 1 Esslöffel gemahlene Leinsamen
- 240 ml Wasser
- 60 ml ungesüßte Pflanzenmilch
- 1 Teelöffel Apfelessig
- ½ Apfel, gerieben mit Schale
- 1 Teelöffel Zimt
- 1 Esslöffel ungesüßter griechischer Joghurt oder eine pflanzliche Alternative
- 5 Mandeln, gehackt

Verfahren:

1. Hafer, Gerstenflocken, Roggenflocken, Akazienfasern und Leinsamen in einem Topf vermengen.
2. Wasser hinzufügen, aufkochen, dann die Hitze reduzieren und 5–7 Minuten unter gelegentlichem Umrühren köcheln lassen.
3. Pflanzenmilch, Apfelessig, geriebenen Apfel und Zimt unterrühren.
4. Weitere 2–3 Minuten kochen, bis die gewünschte Konsistenz erreicht ist.
5. In eine Schüssel geben und mit Joghurt und gehackten Mandeln garnieren.

Nährwertangaben: Dieser Mehrkornbrei unterstützt die Vielfalt des Mikrobioms mit verschiedenen Ballaststoffarten aus verschiedenen Getreidesorten. Akazienfasern ernähren insbesondere nützliche Darmbakterien. Apfelessig sorgt für Säure, die zur Regulierung der Darmflora beiträgt. Die Apfelschale liefert Pektin, einen weiteren nützlichen präbiotischen Ballaststoff, während Joghurt bei entsprechender Verträglichkeit probiotische Bakterien hinzufügt.

Carotinoidreiche Karottenpfannkuchen

Zubereitungszeit: 10 Minuten | Kochzeit: 15 Minuten | Portionen: 2 (ergibt 6 Pfannkuchen) | Schwierigkeit: Mittel

Zutaten:

- 2 mittelgroße Karotten, fein gerieben (ca. 150 g)
- 1 mittelgroße Süßkartoffel, gekocht und zerstampft (ca. 100 g)
- 2 Eier
- 65 g Hafermehl
- 25 g Mandelmehl
- 1 Teelöffel Backpulver
- ¼ Teelöffel Salz
- ¼ Teelöffel gemahlener Ingwer
- ¼ Teelöffel Zimt
- 1 Esslöffel Leinsamenöl
- 2 Esslöffel Wasser
- 1 Esslöffel Kokosöl zum Kochen

Verfahren:

1. In einer großen Schüssel geriebene Karotten, Süßkartoffelpüree und Eier vermengen. Gut vermischen.
2. Mischen Sie in einer separaten Schüssel Hafermehl, Mandelmehl, Backpulver, Salz, Ingwer und Zimt.
3. Die trockenen Zutaten zu den feuchten Zutaten geben und verrühren.
4. Leinsamenöl und Wasser hinzufügen und bei Bedarf die Konsistenz anpassen
5. Kokosöl in einer beschichteten Pfanne bei mittlerer Hitze erhitzen.
6. Geben Sie pro Pfannkuchen etwa 2 Esslöffel Teig hinein.
7. 2–3 Minuten kochen lassen, bis sich Blasen bilden, dann wenden und weitere 2 Minuten kochen.
8. Nach Belieben mit Joghurt und Beeren servieren.

Nährwertangaben: Diese Pfannkuchen enthalten mehrere Formen von Beta-Carotin aus Karotten und Süßkartoffeln und unterstützen so die Hautgesundheit, die Immunfunktion und das Sehvermögen. Das Leinsamenöl verbessert die Aufnahme dieser fettlöslichen Nährstoffe.

Hormonausgleichendes Frühstücks-Hash

Zubereitungszeit: 10 Minuten | Kochzeit: 20 Minuten | Portionen: 2 | Schwierigkeitsgrad: Mittel

Zutaten:

- 1 mittelgroße Süßkartoffel, in 1 cm große Würfel geschnitten
- 1 Esslöffel Olivenöl
- 1 kleine rote Zwiebel, gewürfelt
- 1 rote Paprika, gewürfelt
- 100 g Rosenkohl, geviertelt
- 2 Knoblauchzehen, gehackt
- 1 Teelöffel getrockneter Rosmarin
- ½ Teelöffel geräucherter Paprika
- ¼ Teelöffel Meersalz
- Schwarzer Pfeffer nach Geschmack
- 1 Esslöffel Apfelessig
- 1 Avocado, in Scheiben geschnitten
- 2 Esslöffel Kürbiskerne

Verfahren:

1. Erhitzen Sie Olivenöl in einer großen Pfanne bei mittlerer Hitze.
2. Süßkartoffelwürfel hinzufügen und 5 Minuten unter gelegentlichem Umrühren kochen.
3. Zwiebel, Paprika und Rosenkohl hinzufügen. Weitere 7–10 Minuten kochen, bis das Gemüse weich wird.
4. Knoblauch, Rosmarin, Paprika, Salz und Pfeffer hinzufügen. Weitere 2 Minuten kochen.
5. Mit Apfelessig beträufeln und umrühren, um die Pfanne zu entfetten.
6. Wenn Sie Eier verwenden, formen Sie zwei Mulden in der Gemüsemischung und schlagen Sie die Eier hinein. Abdecken und kochen, bis die Eier den gewünschten Gargrad erreicht haben.
7. Mit Avocadoscheiben und Kürbiskernen garniert servieren.

Nährwertangaben: Dieses Frühstück unterstützt den Hormonhaushalt durch mehrere Mechanismen. Rosenkohl enthält Indol-3-Carbinol, das der Leber hilft, Östrogen zu verarbeiten. Avocado liefert gesunde Fette, die für die Hormonproduktion notwendig sind. Kürbiskerne enthalten Zink und Magnesium und unterstützen die Testosteronproduktion bei Männern und Frauen. Die Kombination aus Protein, gesunden Fetten und komplexen Kohlenhydraten hilft, den Blutzucker zu stabilisieren, was für die Hormonregulierung von grundlegender Bedeutung ist.

Kollagenverstärkendes Beerenkompott

Zubereitungszeit: 5 Minuten | Kochzeit: 10 Minuten | Portionen: 4 | Schwierigkeitsgrad: Einfach

Zutaten:

- 300 g gemischte Beeren
- 2 Esslöffel Wasser
- 1 Esslöffel Zitronensaft
- 1 Teelöffel reiner Vanilleextrakt
- 1 Esslöffel Rohhonig (optional)
- 2 Esslöffel gemahlene Leinsamen
- 1 Esslöffel geschmacksneutrale Kollagenpeptide (optional, für die vegetarische Variante weglassen)
- Griechischer Joghurt oder Quark zum Servieren

Verfahren:

1. Wenn Sie Erdbeeren verwenden, vierteln Sie diese. Lassen Sie die anderen Beeren ganz.
2. Beeren, Wasser und Zitronensaft in einen kleinen Topf geben und bei mittlerer Hitze erhitzen.
3. 5–7 Minuten leicht köcheln lassen, bis die Beeren ihren Saft abgeben, aber noch etwas Form behalten.
4. Vom Herd nehmen und Vanille und Honig (bei Verwendung) unterrühren.
5. Leicht abkühlen lassen, dann gemahlene Leinsamen und Kollagenpeptide (bei Verwendung) unterrühren.
6. Warm oder kalt über griechischem Joghurt oder Quark servieren.
7. Bewahren Sie übrig gebliebenes Kompott bis zu 3 Tage im Kühlschrank auf.

Nährwertangaben: Dieses Kompott unterstützt die Kollagenproduktion durch mehrere Mechanismen. Beeren liefern Vitamin C, einen essentiellen Cofaktor für die Kollagensynthese. Sie enthalten auch Anthocyane, die vorhandenes Kollagen vor dem Abbau schützen. Die optionalen Kollagenpeptide liefern direkte Bausteine für die Kollagenproduktion. Leinsamen liefern Omega-3-Fettsäuren, die Entzündungen reduzieren, die Kollagen abbauen können.

Dr. Amelia Vital

KAPITEL 5: NÄHRSTOFFREICHE SUPPEN UND BRÜHEN

Verjüngende Knochenbrühe-Basis

Zubereitungszeit: 20 Minuten | Kochzeit: 12-24 Stunden | Ergibt: 2 Liter | Schwierigkeit: Mittel

Zutaten:

- 1,5 kg Rinderknochen
- 2 Esslöffel Apfelessig
- 2 Zwiebeln, grob gehackt
- 3 Karotten, grob gehackt
- 3 Selleriestangen, grob gehackt
- 4 Knoblauchzehen, zerdrückt
- 2 Lorbeerblätter
- 1 Esslöffel schwarze Pfefferkörner
- 1 Bund Petersilienstängel
- 2 Esslöffel Meersalz
- 3 Liter gefiltertes Wasser

Verfahren:

1. Backofen auf 200 °C vorheizen. Knochen auf ein Backblech legen und 30 Minuten braten, bis sie braun sind.
2. Geben Sie die Knochen in einen großen Suppentopf oder Slow Cooker. Fügen Sie Apfelessig hinzu und bedecken Sie alles mit Wasser.
3. 30 Minuten stehen lassen. Dies hilft, Mineralien aus den Knochen zu extrahieren.
4. Restliche Zutaten hinzufügen und zum Köcheln bringen. Hitze auf niedrigste Stufe reduzieren.
5. Ohne Deckel 12–24 Stunden köcheln lassen, dabei gelegentlich Schaum von der Oberfläche abschöpfen.
6. Durch ein feinmaschiges Sieb passieren und feste Bestandteile entsorgen.
7. Abkühlen lassen, dann über Nacht in den Kühlschrank stellen. Das erstarrte Fett von der Oberfläche entfernen.
8. In Glasbehältern bis zu 5 Tage im Kühlschrank aufbewahren oder 3 Monate einfrieren.

Pflanzliche grüne Detox-Suppe

Zubereitungszeit: 15 Minuten | Kochzeit: 20 Minuten | Portionen: 4 | Schwierigkeitsgrad: Einfach

Zutaten:

- 1 Esslöffel Olivenöl
- 1 Stange Lauch, weiße und hellgrüne Teile, in Scheiben geschnitten
- 2 Knoblauchzehen, gehackt
- 1 kleine Fenchelknolle, gehackt
- 2 Stangen Sellerie, gehackt
- 1 mittelgroße Zucchini, gehackt
- 200 g Brokkoliröschen
- 100 g Spinat
- 50 g Grünkohl, Stängel entfernt
- 1 Liter Gemüsebrühe
- 1 Esslöffel Zitronensaft
- ¼ Teelöffel schwarzer Pfeffer
- 2 Esslöffel frische Kräuter
- 1 Esslöffel Hanfsamen zum Garnieren

Verfahren:

1. Olivenöl in einem großen Topf bei mittlerer Hitze erhitzen. Lauch und Knoblauch dazugeben und 3 Minuten anbraten.
2. Fenchel und Sellerie hinzufügen und 5 Minuten kochen, bis sie weich sind.
3. Zucchini und Brokkoli hinzufügen und weitere 3 Minuten kochen.
4. Gemüsebrühe angießen, aufkochen und 10 Minuten köcheln lassen.
5. Spinat und Grünkohl hinzufügen und weitere 2 Minuten köcheln lassen, bis alles zusammenfällt.
6. Vom Herd nehmen und Zitronensaft hinzufügen.
7. Mit einem Stabmixer pürieren, bis eine glatte Masse entsteht.
8. Mit schwarzem Pfeffer würzen. Vor dem Servieren mit frischen Kräutern und Hanfsamen garnieren.

Präbiotischer Lauch-Kartoffel-Samt

Zubereitungszeit: 15 Minuten | Kochzeit: 30 Minuten | Portionen: 4 | Schwierigkeitsgrad: Einfach

Zutaten:

- 3 große Lauchstangen, weiße und hellgrüne Teile, in Scheiben geschnitten
- 2 Esslöffel Olivenöl
- 2 Knoblauchzehen, gehackt
- 500 g Kartoffeln, vorzugsweise festkochende Sorte, gewürfelt
- 1 Esslöffel Akazienfaser
- 1 Liter Gemüsebrühe
- 1 Lorbeerblatt
- 2 Esslöffel frische Thymianblätter
- 120 ml pflanzliche Sahne oder Cashewcreme
- Salz und weißer Pfeffer nach Geschmack
- 2 Esslöffel Schnittlauch, fein gehackt
- 1 Esslöffel Topinambur-Chips (gekauft oder selbst gemacht)

Verfahren:

1. Den Lauch gründlich säubern, indem Sie ihn der Länge nach aufschneiden und unter kaltem Wasser abspülen, um den Sand zu entfernen.
2. Olivenöl in einem großen Topf bei mittlerer Hitze erhitzen. Lauch hinzugeben und 5 Minuten anbraten, bis er weich ist.
3. Knoblauch hinzufügen und 1 Minute kochen, bis er duftet.
4. Kartoffeln, Akazienfasern, Brühe, Lorbeerblatt und Thymian hinzufügen. Zum Köcheln bringen.
5. 20 Minuten kochen, bis die Kartoffeln weich sind.
6. Lorbeerblatt entfernen. Mit einem Stabmixer glatt pürieren.
7. Pflanzliche Sahne unterrühren. Mit Salz und weißem Pfeffer abschmecken.
8. Vor dem Servieren mit Schnittlauch und Topinambur-Chips garnieren.

Entzündungshemmende Kurkuma-Brühe

Zubereitungszeit: 10 Minuten | Kochzeit: 20 Minuten | Portionen: 4 | Schwierigkeitsgrad: Einfach

Zutaten:

- 1 Esslöffel Kokosöl
- 1 kleine Zwiebel, fein gewürfelt
- 2 Knoblauchzehen, gehackt
- 1 Esslöffel frischer Ingwer, gerieben
- 1 Esslöffel frischer Kurkuma, gerieben (oder 1 Teelöffel getrocknet)
- ¼ Teelöffel schwarzer Pfeffer
- 1 Zitronengrasstängel, gequetscht und in 5 cm lange Stücke geschnitten
- 1 Liter Hühner- oder Gemüsebrühe
- 1 Esslöffel Misopaste
- 120 ml Kokosmilch
- 1 Esslöffel Limettensaft
- 2 Esslöffel Koriander, gehackt
- 2 Frühlingszwiebeln, dünn geschnitten

Verfahren:

1. Kokosöl in einem Topf bei mittlerer Hitze erhitzen. Zwiebel hinzufügen und 3 Minuten anbraten.
2. Knoblauch, Ingwer, Kurkuma und schwarzen Pfeffer hinzufügen. 2 Minuten kochen, bis es duftet.
3. Zitronengras und Brühe hinzufügen. Zum Köcheln bringen.
4. Hitze reduzieren und 15 Minuten leicht köcheln lassen.
5. Vom Herd nehmen. Zitronengrasstücke entfernen.
6. Geben Sie die Misopaste in eine kleine Schüssel. Fügen Sie eine Kelle Brühe hinzu und verrühren Sie alles, bis eine glatte Masse entsteht.
7. Geben Sie die Miso-Mischung zusammen mit Kokosmilch und Limettensaft zurück in den Topf.
8. Vor dem Servieren mit Koriander und Frühlingszwiebeln garnieren..

Darmheilendes Pilzelixier

Zubereitungszeit: 15 Minuten | Kochzeit: 45 Minuten | Portionen: 4 | Schwierigkeitsgrad: Mittel

Zutaten:

- 20 g getrocknete gemischte Pilze (Shiitake, Steinpilze, Maitake)
- 500 ml kochendes Wasser
- 1 Esslöffel Olivenöl
- 1 Zwiebel, fein gehackt
- 2 Knoblauchzehen, gehackt
- 250 g frische Champignons (Cremini oder Champignons), in Scheiben geschnitten
- 1 Esslöffel getrockneter Thymian
- 1 Esslöffel getrockneter Rosmarin
- 1 Liter Knochenbrühe oder Gemüsebrühe
- 1 Esslöffel Tamari oder Sojasauce
- 1 Esslöffel Apfelessig
- 1 Teelöffel Akazienfaser
- 2 Esslöffel frische Petersilie, gehackt

Verfahren:

1. Getrocknete Pilze in eine Schüssel geben. Mit kochendem Wasser bedecken und 30 Minuten einweichen lassen.
2. Durch ein feinmaschiges Sieb passieren und die Flüssigkeit auffangen. Rehydrierte Pilze hacken.
3. Olivenöl in einem Topf bei mittlerer Hitze erhitzen. Zwiebel hinzufügen und glasig anbraten.
4. Knoblauch und frische Pilze hinzufügen. Kochen, bis die Pilze ihre Flüssigkeit abgeben.
5. Rehydrierte Pilze, Thymian und Rosmarin hinzufügen. 2 Minuten kochen lassen.
6. Geben Sie die Pilz-Einweichflüssigkeit hinzu und achten Sie darauf, dass keine Körnchen zurückbleiben.
7. Brühe, Tamari und Apfelessig hinzufügen. 30 Minuten köcheln lassen.
8. Akazienfasern unterrühren. Vor dem Servieren mit Petersilie garnieren.

Beta-Carotin Golden Bisque

Zubereitungszeit: 15 Minuten | Kochzeit: 30 Minuten | Portionen: 4 | Schwierigkeitsgrad: Einfach

Zutaten:

- 1 Esslöffel Olivenöl
- 1 Zwiebel, gehackt
- 2 Knoblauchzehen, gehackt
- 500 g Karotten, gehackt
- 1 mittelgroße Süßkartoffel, geschält und gehackt
- 1 gelbe Paprika, gehackt
- 1 Teelöffel gemahlener Kurkuma
- 1 Teelöffel gemahlener Ingwer
- ¼ Teelöffel Cayennepfeffer (optional)
- 1 Liter Gemüsebrühe
- 120 ml Kokosmilch
- 1 Esslöffel Leinsamenöl
- 1 Esslöffel Zitronensaft
- 2 Esslöffel Kürbiskerne, geröstet

Verfahren:

1. Olivenöl in einem großen Topf bei mittlerer Hitze erhitzen. Zwiebel hinzufügen und anbraten, bis sie weich ist.
2. Knoblauch hinzufügen und 1 Minute kochen, bis er duftet.
3. Fügen Sie Karotten, Süßkartoffeln, Paprika, Kurkuma, Ingwer und Cayennepfeffer hinzu, falls Sie diese verwenden.
4. 5 Minuten unter gelegentlichem Umrühren kochen.
5. Brühe hinzufügen, aufkochen, dann Hitze reduzieren und 20 Minuten köcheln lassen, bis das Gemüse weich ist.
6. Mit einem Stabmixer pürieren, bis eine glatte Masse entsteht.
7. Kokosmilch und Zitronensaft unterrühren. Erhitzen, ohne zu kochen.
8. In Schüsseln schöpfen, mit Leinsamenöl beträufeln und mit gerösteten Kürbiskernen bestreuen.

Lycopinreiche Tomatenessenz

Zubereitungszeit: 15 Minuten | Kochzeit: 45 Minuten | Portionen: 4 | Schwierigkeitsgrad: Mittel

Zutaten:

- 1 kg reife Tomaten
- 2 Esslöffel Olivenöl
- 1 Zwiebel, gehackt
- 3 Knoblauchzehen, gehackt
- 2 Esslöffel Tomatenmark
- 1 rote Paprika, gehackt
- 1 Esslöffel Paprika
- ½ Teelöffel rote Pfefferflocken (optional)
- 500 ml Gemüsebrühe
- 1 Esslöffel Balsamico-Essig
- 1 Teelöffel getrocknetes Basilikum
- 1 Teelöffel getrockneter Oregano
- Meersalz und schwarzer Pfeffer nach Geschmack
- 2 Esslöffel frisches Basilikum, gehackt
- 2 Esslöffel Hanfsamen

Verfahren:

1. Schneiden Sie auf der Unterseite jeder Tomate ein X ein. Blanchieren Sie die Tomaten 30 Sekunden lang in kochendem Wasser und geben Sie sie dann in Eiswasser.
2. Tomaten schälen und grob hacken, Saft auffangen.
3. Olivenöl in einem großen Topf bei mittlerer Hitze erhitzen. Zwiebel hinzufügen und glasig anbraten.
4. Knoblauch hinzufügen und 1 Minute kochen, bis er duftet.
5. Tomatenmark hinzufügen und unter häufigem Rühren 2 Minuten kochen lassen.
6. Fügen Sie Tomaten mit Saft, Paprika, Paprikapulver und ggf. rote Pfefferflocken hinzu.
7. 5 Minuten kochen lassen, dann Brühe, Balsamico-Essig, getrocknetes Basilikum und Oregano hinzufügen.
8. 30 Minuten offen köcheln lassen, dabei gelegentlich umrühren.
9. Mixen, bis eine glatte Masse entsteht. Mit Salz und Pfeffer würzen.
10. Vor dem Servieren mit frischem Basilikum und Hanfsamen garnieren.

Antioxidantiensuppe aus Rüben und Beeren

Zubereitungszeit: 15 Minuten | Kochzeit: 35 Minuten + Abkühlzeit | Portionen: 4 | Schwierigkeitsgrad: Mittel

Zutaten:

- 500 g Rote Bete, geschält und gewürfelt
- 1 Esslöffel Olivenöl
- 1 Zwiebel, gehackt
- 2 Knoblauchzehen, gehackt
- 1 Apfel, entkernt und gehackt
- 1 Teelöffel Kümmel
- 750 ml Gemüsebrühe
- 150 g frische oder gefrorene Beeren (Erdbeeren, Himbeeren oder Brombeeren)
- 1 Esslöffel Apfelessig
- ¼ Teelöffel schwarzer Pfeffer
- 2 Esslöffel frischer Dill, gehackt
- 4 Esslöffel Naturjoghurt (milch- oder pflanzlich)

Verfahren:

1. Olivenöl in einem großen Topf bei mittlerer Hitze erhitzen. Zwiebel hinzufügen und anbraten, bis sie weich ist.
2. Knoblauch und Kümmel hinzufügen und 1 Minute kochen, bis es duftet.
3. Rote Bete, Apfel und Brühe hinzufügen. Zum Kochen bringen, dann die Hitze reduzieren.
4. Abgedeckt 30 Minuten köcheln lassen, bis die Rüben weich sind.
5. Beeren hinzufügen und weitere 5 Minuten köcheln lassen.
6. Vom Herd nehmen und etwas abkühlen lassen.
7. Mixen, bis eine glatte Masse entsteht. Apfelessig und schwarzen Pfeffer unterrühren.
8. Gekühlt oder bei Zimmertemperatur servieren, garniert mit Dill und einem Klecks Joghurt.

Kreuzblütler-Wohlfühleintopf

Zubereitungszeit: 20 Minuten | Kochzeit: 40 Minuten | Portionen: 4 | Schwierigkeitsgrad: Mittel

Zutaten:

- 1 Esslöffel Olivenöl
- 1 Zwiebel, gehackt
- 3 Knoblauchzehen, gehackt
- 2 Esslöffel frischer Ingwer, gerieben
- 200 g Blumenkohl, in Röschen geschnitten
- 200 g Brokkoli, in Röschen geschnitten
- 100 g Rosenkohl, halbiert
- 100 g Wirsing, geraspelt
- 1 Liter Knochenbrühe oder Gemüsebrühe
- 1 Esslöffel Dijon-Senf
- 1 Esslöffel Apfelessig
- 1 Teelöffel Kümmel
- ¼ Teelöffel Muskatnuss
- Salz und Pfeffer nach Geschmack
- 2 Esslöffel frische Petersilie, gehackt

Verfahren:

1. Olivenöl in einem großen Topf bei mittlerer Hitze erhitzen. Zwiebel hinzufügen und glasig anbraten.
2. Knoblauch und Ingwer hinzufügen und 1 Minute kochen, bis es duftet.
3. Blumenkohl, Brokkoli, Rosenkohl und Weißkohl hinzufügen. Umrühren, bis alles mit Öl bedeckt ist.
4. Brühe angießen. Senf, Apfelessig, Kümmel und Muskat zugeben.
5. Zum Köcheln bringen, dann die Hitze reduzieren. Abdecken und 20 Minuten kochen lassen.
6. Deckel abnehmen und weitere 10 Minuten kochen, bis das Gemüse weich, aber nicht matschig ist.
7. Mit Salz und Pfeffer würzen.
8. Vor dem Servieren mit frischer Petersilie garnieren.

Mikrobiomunterstützender Bohneneintopf

Zubereitungszeit: 15 Minuten | Kochzeit: 40 Minuten | Portionen: 4 | Schwierigkeitsgrad: Einfach

Zutaten:

- 1 Esslöffel Olivenöl
- 1 Zwiebel, fein gehackt
- 2 Knoblauchzehen, gehackt
- 2 Stangen Lauch, weiße und hellgrüne Teile, in Scheiben geschnitten
- 2 Karotten, gewürfelt
- 2 Selleriestangen, gewürfelt
- 1 Teelöffel getrockneter Thymian
- 1 Teelöffel getrockneter Rosmarin
- 1 Lorbeerblatt
- 400 g gekochte weiße Bohnen (Cannellini oder weiße Bohnen)
- 1 Liter Gemüsebrühe
- 100 g Grünkohl, Stängel entfernt und Blätter gehackt
- 1 Esslöffel Apfelessig
- 1 Esslöffel Akazienfaser
- 1 Esslöffel frischer Schnittlauch, gehackt
- 1 Esslöffel Sauerkraut (nicht pasteurisiert) zum Garnieren

Verfahren:

1. Olivenöl in einem großen Topf bei mittlerer Hitze erhitzen. Zwiebel hinzufügen und glasig anbraten.
2. Knoblauch, Lauch, Karotten und Sellerie hinzufügen. 5 Minuten kochen, bis das Gemüse weich wird.
3. Thymian, Rosmarin, Lorbeerblatt, Bohnen und Brühe hinzufügen. Zum Köcheln bringen.
4. Hitze reduzieren und 30 Minuten kochen lassen.
5. Grünkohl hinzufügen und weitere 5 Minuten kochen, bis er welk wird.
6. Lorbeerblatt entfernen. Die Hälfte der Suppe pürieren und für eine teilweise stückige Konsistenz wieder in den Topf geben.
7. Apfelessig und Akazienfasern unterrühren.
8. Mit Schnittlauch und einem kleinen Löffel Sauerkraut garniert servieren.

KAPITEL 6: LEBENDIGE GEMÜSE-HAUPTGERICHTE

Polyphenolreiches Ratatouille

Zubereitungszeit: 20 Minuten | Kochzeit: 45 Minuten | Portionen: 4 | Schwierigkeitsgrad: Mittel

Zutaten:

- 2 Esslöffel Olivenöl
- 1 große Zwiebel, gewürfelt
- 4 Knoblauchzehen, gehackt
- 1 Aubergine, in 2 cm große Würfel geschnitten
- 2 Zucchini, in 2 cm große Würfel geschnitten
- 1 rote Paprika, in 2 cm große Stücke geschnitten
- 1 gelbe Paprika, in 2 cm große Stücke geschnitten
- 400 g Tomaten, gewürfelt
- 2 Esslöffel Tomatenmark
- 2 Lorbeerblätter
- 1 Teelöffel getrockneter Thymian
- 1 Teelöffel getrockneter Rosmarin
- 2 Esslöffel frisches Basilikum, gehackt
- 1 Esslöffel Balsamico-Essig
- ½ Teelöffel schwarzer Pfeffer
- Meersalz nach Geschmack

Verfahren:

1. Olivenöl in einem großen Topf mit schwerem Boden bei mittlerer Hitze erhitzen. Zwiebel hinzufügen und 5 Minuten anbraten, bis sie weich ist.
2. Den Knoblauch dazugeben und 1 Minute lang kochen, bis er duftet.
3. Auberginen dazugeben und 5 Minuten unter gelegentlichem Umrühren kochen.
4. Zucchini und Paprika hinzufügen. Weitere 5 Minuten kochen.
5. Tomaten, Tomatenmark, Lorbeerblätter, Thymian und Rosmarin hinzufügen. Gut umrühren.
6. Reduzieren Sie die Hitze auf niedrige Stufe, decken Sie es ab und lassen Sie es 30 Minuten unter gelegentlichem Umrühren köcheln.
7. Lorbeerblätter entfernen. Basilikum und Balsamico-Essig unterrühren.
8. Mit schwarzem Pfeffer und Salz würzen.
9. Warm oder bei Zimmertemperatur servieren.

Blumenkohlsteaks mit Bittergrün-Pesto

Zubereitungszeit: 15 Minuten | Kochzeit: 25 Minuten | Portionen: 4 | Schwierigkeitsgrad: Mittel

Zutaten:

- 2 große Blumenkohlköpfe
- 3 Esslöffel Olivenöl, geteilt
- 1 Teelöffel geräucherter Paprika
- ½ Teelöffel Kurkuma
- Meersalz und schwarzer Pfeffer nach Geschmack
- **Für das Bittergrün-Pesto:**
- 100 g gemischtes Bittergemüse (Rucola, Löwenzahn, Endivie, Radicchio)
- 50 g Petersilienblätter
- 50 g Walnüsse, geröstet
- 2 Knoblauchzehen
- Schale und Saft von 1 Zitrone
- 60 ml natives Olivenöl extra
- 30 g Parmesankäse, gerieben (optional)
- ¼ Teelöffel Salz

Verfahren:

1. Backofen auf 200°C vorheizen. Ein Backblech mit Backpapier auslegen.
2. Die Blätter vom Blumenkohl entfernen. Von oben nach unten in 2 cm dicke „Steaks" schneiden. Aus jedem Kopf sollten 2-3 ganze Steaks herauskommen.
3. Blumenkohlsteaks auf ein Backblech legen. Mit 2 Esslöffeln Olivenöl bestreichen und mit Paprika, Kurkuma, Salz und Pfeffer bestreuen.
4. Unter halber Drehung 20–25 Minuten braten, bis es weich und goldbraun ist.
5. Bereiten Sie in der Zwischenzeit das Pesto zu: Geben Sie Bittergrün, Petersilie, Walnüsse, Knoblauch und Zitronenschale in eine Küchenmaschine.
6. Pulsieren, bis alles grob zerkleinert ist. Bei laufendem Motor langsam Olivenöl, Zitronensaft, Parmesan (falls verwendet) und Salz hinzufügen. Verarbeiten, bis eine relativ glatte Masse entsteht.
7. Servieren Sie Blumenkohlsteaks mit Bittergemüsepesto.

Mikrobiom-Regenbogen-Buddha-Bowl

Zubereitungszeit: 25 Minuten | Kochzeit: 30 Minuten | Portionen: 4 | Schwierigkeitsgrad: Mittel

Zutaten:

- 200 g gemischte Vollkornprodukte (Quinoa, Naturreis, Buchweizen)
- 1 Esslöffel Olivenöl
- 1 Süßkartoffel, gewürfelt und geröstet
- 200 g Brokkoliröschen, gedünstet
- 1 Rote Bete, roh gerieben
- 1 Karotte, gerieben
- ½ Rotkohl, fein geraspelt
- 1 Avocado, in Scheiben geschnitten
- 4 Esslöffel Sauerkraut (nicht pasteurisiert)
- 4 Esslöffel gemischte Samen (Kürbis, Sonnenblume, Hanf)
- **Für das Dressing:**
- 2 Esslöffel Tahini
- 1 Esslöffel Apfelessig
- 1 Esslöffel Zitronensaft
- 1 Teelöffel Ahornsirup
- 1 Knoblauchzehe, gehackt
- 2-3 Esslöffel Wasser zum Verdünnen
- ¼ Teelöffel Salz

Verfahren:

1. Getreidemischung nach Packungsanweisung kochen. Leicht abkühlen lassen.
2. Bereiten Sie alle Gemüsesorten wie angegeben zu.
3. Das Dressing zubereiten: Alle Dressing-Zutaten glatt rühren und nach und nach Wasser hinzufügen, um die gewünschte Konsistenz zu erreichen.
4. Schüsseln zusammenstellen: Getreide auf vier Schüsseln verteilen. Gemüse, Avocado und Sauerkraut in Abschnitten um die Schüssel herum anrichten.
5. Mit Dressing beträufeln und mit gemischten Körnern bestreuen.
6. Sofort servieren oder bis zu 24 Stunden im Kühlschrank aufbewahren.

Kohl-Power-Pfanne

Zubereitungszeit: 15 Minuten | Kochzeit: 10 Minuten | Portionen: 4 | Schwierigkeitsgrad: Einfach

Zutaten:

- 2 Esslöffel Sesamöl
- 2 Knoblauchzehen, gehackt
- 1 Esslöffel frischer Ingwer, gerieben
- 200 g Rosenkohl, halbiert
- 200 g Brokkoliröschen
- 200 g Blumenkohlröschen
- 100 g Grünkohl, Stängel entfernt und Blätter gehackt
- 100 g Rotkohl, geraspelt
- 3 Esslöffel Tamari oder Sojasauce
- 1 Esslöffel Reisessig
- 1 Teelöffel Ahornsirup
- ¼ Teelöffel rote Pfefferflocken
- 2 Esslöffel Sesamsamen, geröstet
- 2 Frühlingszwiebeln, in Scheiben geschnitten

Verfahren:

1. Erhitzen Sie einen großen Wok oder eine Bratpfanne bei hoher Hitze. Fügen Sie Sesamöl hinzu.
2. Knoblauch und Ingwer hinzufügen und 30 Sekunden unter Rühren braten, bis ein aromatischer Duft entsteht.
3. Rosenkohl, Brokkoli und Blumenkohl hinzufügen. 3–4 Minuten unter Rühren braten.
4. Grünkohl und Weißkohl hinzufügen. Weitere 2 Minuten unter Rühren braten.
5. Mischen Sie in einer kleinen Schüssel Tamari, Reisessig, Ahornsirup und rote Pfefferflocken.
6. Sauce über das Gemüse gießen. Weitere 1–2 Minuten unter Rühren braten, bis das Gemüse bissfest ist.
7. Vom Herd nehmen. Mit Sesamkörnern und Frühlingszwiebeln garnieren.
8. Nach Belieben sofort mit braunem Reis oder Quinoa servieren.

Farbrad Gemüse Tian

Zubereitungszeit: 20 Minuten | Kochzeit: 45 Minuten | Portionen: 6 | Schwierigkeitsgrad: Mittel

Zutaten:

- 2 Esslöffel Olivenöl, plus mehr zum Beträufeln
- 1 große Zwiebel, in dünne Scheiben geschnitten
- 3 Knoblauchzehen, gehackt
- 1 Teelöffel getrocknete Kräuter der Provence
- 2 mittelgroße Zucchini, in 3 mm dicke Scheiben geschnitten
- 2 mittelgroße gelbe Kürbisse, in 3 mm dicke Scheiben geschnitten
- 3 mittelgroße Tomaten, in 3 mm dicke Scheiben geschnitten
- 1 mittelgroße Aubergine, in 3 mm dicke Scheiben geschnitten
- 1 rote Paprika, in Ringe geschnitten
- Salz und schwarzer Pfeffer nach Geschmack
- 2 Esslöffel frische Thymianblätter

Verfahren:

1. Backofen auf 190 °C vorheizen.
2. Olivenöl in einer Pfanne bei mittlerer Hitze erhitzen. Zwiebel hinzufügen und ca. 5 Minuten glasig dünsten.
3. Knoblauch und Kräuter der Provence hinzufügen. 1 Minute kochen lassen. Die Mischung auf dem Boden einer runden Auflaufform verteilen.
4. Die Gemüsescheiben abwechselnd in konzentrischen Kreisen mit leichter Überlappung auf der Zwiebelmischung anordnen.
5. Mit zusätzlichem Olivenöl beträufeln. Mit Salz und Pfeffer würzen.
6. Mit Folie abdecken und 30 Minuten backen.
7. Folie entfernen, mit frischem Thymian und Ziegenkäse (bei Verwendung) bestreuen.
8. Weitere 15 Minuten offen backen, bis das Gemüse weich und die Ränder leicht knusprig sind.
9. Vor dem Servieren 5 Minuten ruhen lassen.

Geröstetes Wurzelgemüse mit Kräutern

Zubereitungszeit: 15 Minuten | Kochzeit: 40 Minuten | Portionen: 4 | Schwierigkeitsgrad: Einfach

Zutaten:

- 3 mittelgroße Karotten, in 2 cm große Stücke geschnitten
- 2 Pastinaken, in 2 cm große Stücke geschnitten
- 1 mittelgroße Süßkartoffel, in 2 cm große Stücke geschnitten
- 2 mittelgroße Rote Bete, in 2 cm große Stücke geschnitten
- 1 rote Zwiebel, in Spalten geschnitten
- 6 Knoblauchzehen, geschält und leicht zerdrückt
- 3 Esslöffel Olivenöl
- 1 Esslöffel Balsamico-Essig
- 1 Esslöffel frischer Rosmarin, gehackt
- 1 Esslöffel frischer Thymian, gehackt
- 1 Teelöffel Meersalz
- ½ Teelöffel schwarzer Pfeffer
- 2 Esslöffel Kürbiskerne
- 2 Esslöffel frische Petersilie, gehackt

Verfahren:

1. Backofen auf 200°C vorheizen. Ein großes Backblech mit Backpapier auslegen.
2. Geben Sie Karotten, Pastinaken, Süßkartoffeln, Rüben, Zwiebeln und Knoblauch in eine große Schüssel.
3. In einer kleinen Schüssel Olivenöl, Balsamico-Essig, Rosmarin, Thymian, Salz und Pfeffer verquirlen.
4. Gießen Sie die Ölmischung über das Gemüse und rühren Sie, bis es vollständig bedeckt ist.
5. Das Gemüse in einer Schicht auf dem Backblech verteilen.
6. 35–40 Minuten rösten, dabei nach der Hälfte der Zeit umrühren, bis das Gemüse weich und karamellisiert ist.
7. In den letzten 5 Minuten des Bratens Kürbiskerne über das Gemüse streuen.
8. Auf eine Servierplatte geben und mit frischer Petersilie garnieren.

Bittergemüse und Pilaw aus Urgetreide

Zubereitungszeit: 15 Minuten | Kochzeit: 30 Minuten | Portionen: 4 | Schwierigkeitsgrad: Mittel

Zutaten:

- 200 g Farro oder Einkorn
- 2 Esslöffel Olivenöl
- 1 Zwiebel, fein gehackt
- 2 Knoblauchzehen, gehackt
- 1 Fenchelknolle, dünn geschnitten
- 100 g Radicchio, grob gehackt
- 100 g Löwenzahnblätter, grob gehackt
- 100 g Endivien, grob gehackt
- 50 g getrocknete Aprikosen, gewürfelt
- 50 g Pistazien, grob gehackt
- 2 Esslöffel Zitronensaft
- 1 Esslöffel Apfelessig
- 2 Esslöffel frischer Dill, gehackt
- 2 Esslöffel frische Minze, gehackt
- Salz und Pfeffer nach Geschmack

Verfahren:

1. Den Farro nach Packungsanweisung kochen. Abgießen und beiseite stellen.
2. Olivenöl in einer großen Pfanne bei mittlerer Hitze erhitzen. Zwiebel hinzufügen und glasig anbraten.
3. Knoblauch und Fenchel hinzufügen. 5 Minuten kochen, bis der Fenchel weich wird.
4. Radicchio, Löwenzahnblätter und Endivie hinzufügen. 2–3 Minuten kochen, bis alles zusammenfällt.
5. Gekochten Farro, getrocknete Aprikosen und Pistazien hinzufügen. Umrühren, um alles zu vermischen.
6. Vom Herd nehmen. Zitronensaft und Apfelessig unterrühren.
7. Frische Kräuter unterheben. Mit Salz und Pfeffer würzen.
8. Warm oder bei Zimmertemperatur servieren.

Mit Lycopin gefüllte Paprika

Zubereitungszeit: 20 Minuten | Kochzeit: 45 Minuten | Portionen: 4 | Schwierigkeitsgrad: Mittel

Zutaten:

- 4 große rote Paprika
- 1 Esslöffel Olivenöl
- 1 Zwiebel, fein gehackt
- 2 Knoblauchzehen, gehackt
- 100 g Champignons, fein gehackt
- 150 g gekochter Quinoa
- 400 g Tomaten aus der Dose, gewürfelt, abgetropft
- 2 Esslöffel Tomatenmark
- 50 g Walnüsse, gehackt
- 2 Esslöffel frisches Basilikum, gehackt
- 1 Teelöffel getrockneter Oregano
- ¼ Teelöffel rote Pfefferflocken
- Salz und Pfeffer nach Geschmack
- 60 g Fetakäse, zerbröselt (optional)

Verfahren:

1. Backofen auf 190 °C vorheizen.
2. Die Deckel der Paprikaschoten abschneiden und Kerne und Häutchen entfernen. Die Paprikaschoten aufrecht in eine Auflaufform stellen.
3. Olivenöl in einer großen Pfanne bei mittlerer Hitze erhitzen. Zwiebel hinzufügen und anbraten, bis sie weich ist.
4. Knoblauch und Pilze hinzufügen. 5 Minuten kochen, bis die Pilze ihre Feuchtigkeit abgeben.
5. Gekochten Quinoa, gewürfelte Tomaten, Tomatenmark, Walnüsse, Basilikum, Oregano und rote Pfefferflocken unterrühren.
6. 5 Minuten kochen lassen, damit sich die Aromen vermischen. Mit Salz und Pfeffer würzen.
7. Paprika mit Quinoa-Mischung füllen. Bei Verwendung Feta darüber streuen.
8. Gießen Sie ¼ Tasse Wasser in die Auflaufform rund um die Paprika.
9. Mit Folie abdecken und 30 Minuten backen. Abdeckung abnehmen und weitere 15 Minuten backen.

Risotto mit Wildpilzen und Microgreens

Zubereitungszeit: 15 Minuten | Kochzeit: 30 Minuten | Portionen: 4 | Schwierigkeitsgrad: Mittel

Zutaten:

- 1,2 Liter Gemüsebrühe
- 2 Esslöffel Olivenöl
- 1 Zwiebel, fein gehackt
- 3 Knoblauchzehen, gehackt
- 300 g gemischte Waldpilze
- 300 g Arborio-Reis
- 120 ml trockener Weißwein (optional)
- 1 Esslöffel frische Thymianblätter
- 2 Esslöffel Nährhefe
- 1 Esslöffel Zitronensaft
- 50 g verschiedene Microgreens
- 2 Esslöffel frischer Schnittlauch, gehackt
- Salz und Pfeffer nach Geschmack

Verfahren:

1. Gemüsebrühe in einem Topf zum Köcheln bringen. Warm halten.
2. Olivenöl in einem großen Topf mit schwerem Boden bei mittlerer Hitze erhitzen. Zwiebel hinzufügen und anbraten, bis sie glasig ist.
3. Knoblauch und Pilze hinzufügen. 5 Minuten kochen, bis die Pilze weich sind.
4. Reis hinzufügen und 2 Minuten lang umrühren, bis die Körner mit Öl überzogen und an den Rändern leicht durchscheinend sind.
5. Geben Sie ggf. Wein hinzu und kochen Sie ihn unter ständigem Rühren, bis er absorbiert ist.
6. Geben Sie unter ständigem Rühren jeweils eine Kelle heiße Brühe hinzu und lassen Sie jede Menge davon absorbieren, bevor Sie mehr hinzufügen.
7. Setzen Sie diesen Vorgang etwa 20 Minuten lang fort, bis der Reis cremig ist, aber immer noch eine leichte Festigkeit aufweist.
8. Thymian, Nährhefe und Zitronensaft unterrühren.
9. Die Hälfte der Microgreens unterheben. Mit Salz und Pfeffer würzen.
10. Mit den restlichen Microgreens und Schnittlauch garniert servieren.

Präbiotisches Artischocken-Lauch-Gratin

Zubereitungszeit: 20 Minuten | Kochzeit: 40 Minuten | Portionen: 6 | Schwierigkeitsgrad: Mittel

Zutaten:

- 400 g gefrorene Artischockenherzen, aufgetaut und geviertelt
- 3 große Lauchstangen, nur die weißen und hellgrünen Teile, in Scheiben geschnitten
- 2 Esslöffel Olivenöl
- 3 Knoblauchzehen, gehackt
- 200 g Topinambur, geputzt und in dünne Scheiben geschnitten
- 1 Esslöffel frische Thymianblätter
- 240 ml Gemüsebrühe
- 120 ml ungesüßte Pflanzenmilch
- 1 Esslöffel Dijon-Senf
- 1 Esslöffel Zitronensaft
- 1 Esslöffel Akazienfaser
- Salz und Pfeffer nach Geschmack
- **Für den Belag:**
- 50 g Mandelmehl
- 50 g Haferflocken
- 2 Esslöffel Nährhefe
- 2 Esslöffel Olivenöl
- 1 Teelöffel getrocknete Kräuter

Verfahren:

1. Backofen auf 190°C vorheizen und eine Auflaufform einfetten.
2. Lauch in Olivenöl anbraten, dann Knoblauch, Artischocken, Topinambur und Thymian hinzufügen und 5 Minuten garen.
3. Brühe, Pflanzenmilch, Senf, Zitronensaft und Akazienfasern verrühren, zum Gemüse geben und eindicken lassen.
4. Mischung in die Auflaufform geben. Belag aus Mandelmehl, Hafer, Nährhefe, Olivenöl und Kräutern mischen und darüberstreuen.
5. 25–30 Minuten backen, bis der Belag goldbraun ist.

Dr. Amelia Vital

KAPITEL 7: PROTEIN-FORWARD-SCHALEN ZUR GEWEBEREPARATUR

Kollagenunterstützender, langsam gekochter Eintopf

Zubereitungszeit: 25 Minuten | Kochzeit: 4-6 Stunden | Portionen: 6 | Schwierigkeitsgrad: Mittel

Zutaten:

- 1 kg Rinderfilet aus Weidehaltung, in 4 cm große Würfel geschnitten
- 2 Esslöffel Olivenöl
- 1 große Zwiebel, gehackt
- 3 Knoblauchzehen, gehackt
- 2 Karotten, gehackt
- 2 Stangen Sellerie, gehackt
- 2 Esslöffel Tomatenmark
- 120 ml Rotwein (optional)
- 500 ml Knochenbrühe
- 400 g gehackte Tomaten
- 2 Lorbeerblätter
- 1 Zweig Rosmarin
- 1 Esslöffel frische Thymianblätter
- 1 Esslöffel Apfelessig
- 100 g Graupen, abgespült
- 1 kleiner Knollensellerie, geschält und gewürfelt
- Salz und Pfeffer nach Geschmack
- 2 Esslöffel frische Petersilie, gehackt

Verfahren:

1. Rindfleisch mit Küchenpapier trockentupfen. Mit Salz und Pfeffer würzen.
2. Olivenöl in einer großen Pfanne bei mittlerer bis hoher Hitze erhitzen. Fleisch portionsweise anbraten, ca. 3–4 Minuten pro Seite. In den Slow Cooker geben.
3. Geben Sie die Zwiebel in dieselbe Pfanne und braten Sie sie an, bis sie weich ist. Fügen Sie Knoblauch, Karotten und Sellerie hinzu und kochen Sie alles 5 Minuten lang.
4. Tomatenmark hinzufügen und 2 Minuten unter ständigem Rühren kochen.
5. Bei Verwendung Wein einfüllen und gebräunte Stücke vom Boden der Pfanne abkratzen. 2 Minuten kochen lassen.
6. Gemüsemischung in den Slow Cooker geben. Knochenbrühe, zerkleinerte Tomaten, Lorbeerblätter, Rosmarin, Thymian und Apfelessig hinzufügen.

7. 4 Stunden bei niedriger Temperatur kochen. Graupen und Knollensellerie hinzufügen. Weitere 1–2 Stunden kochen, bis das Fleisch zart und die Graupen gar sind.
8. Lorbeerblätter und Rosmarinzweig entfernen. Mit Salz und Pfeffer abschmecken.
9. Mit frischer Petersilie garniert servieren.

Gebackene Fischpäckchen reich an Omega-3

Zubereitungszeit: 15 Minuten | Kochzeit: 20 Minuten | Portionen: 4 | Schwierigkeitsgrad: Einfach

Zutaten:

- 4 Filets (je 150 g) von wild gefangenem Lachs oder Makrele
- 1 Fenchelknolle, dünn geschnitten
- 1 Zitrone, in Scheiben geschnitten
- 1 Schalotte, dünn geschnitten
- 2 Esslöffel frischer Dill, gehackt
- 2 Esslöffel frische Petersilie, gehackt
- 4 Esslöffel Olivenöl
- 2 Esslöffel Zitronensaft
- 2 Esslöffel Kapern, abgespült
- 4 Esslöffel Oliven, entkernt und in Scheiben geschnitten
- 1 Teelöffel Meersalz
- ½ Teelöffel schwarzer Pfeffer
- 8 Kirschtomaten, halbiert

Verfahren:

1. Backofen auf 200 °C vorheizen.
2. Schneiden Sie vier große Stücke Backpapier aus, jedes etwa 30 cm x 40 cm groß.
3. Verteilen Sie die Fenchelscheiben auf dem Backpapier und platzieren Sie sie in der Mitte.
4. Fischfilets auf dem Fenchel anrichten. Mit Salz und Pfeffer würzen.
5. Belegen Sie jedes Filet mit Zitronenscheiben, Schalotten, Kräutern, Kapern, Oliven und Kirschtomaten.
6. Beträufeln Sie jede Portion mit Olivenöl und Zitronensaft.
7. Falten Sie das Pergamentpapier zu einem Päckchen zusammen und drücken Sie die Ränder fest zusammen, um es zu verschließen.
8. Legen Sie die Päckchen auf ein Backblech. Backen Sie sie je nach Dicke des Fisches 15–20 Minuten lang.
9. Päckchen vorsichtig öffnen (auf Dampf achten) und direkt aus dem Pergament servieren.

Linsen-Walnuss-Brot mit Zink

Zubereitungszeit: 20 Minuten | Kochzeit: 50 Minuten | Portionen: 6 | Schwierigkeitsgrad: Mittel

Zutaten:

- 200 g grüne Linsen, abgespült
- 500 ml Gemüsebrühe
- 1 Esslöffel Olivenöl
- 1 Zwiebel, fein gehackt
- 2 Stangen Sellerie, fein gehackt
- 2 Karotten, gerieben
- 3 Knoblauchzehen, gehackt
- 150 g Walnüsse, geröstet und gehackt
- 50 g Kürbiskerne
- 50 g Sonnenblumenkerne
- 100 g Haferflocken
- 60 g Leinsamenmehl mit 120 ml Wasser vermischt
- 2 Esslöffel Tomatenmark
- 2 Esslöffel Tamari oder Sojasauce
- 1 Esslöffel getrockneter Thymian
- 1 Teelöffel geräucherter Paprika
- ½ Teelöffel gemahlene Muskatnuss
- Salz und Pfeffer nach Geschmack

Verfahren:

1. Den Backofen auf 180 °C vorheizen. Eine Kastenform mit Backpapier auslegen.
2. Linsen und Brühe in einem Topf vermischen. Zum Kochen bringen, dann die Hitze reduzieren und 25 Minuten köcheln lassen, bis die Linsen weich, aber nicht matschig sind. Überschüssige Flüssigkeit abgießen.
3. Olivenöl in einer Pfanne bei mittlerer Hitze erhitzen. Zwiebel, Sellerie und Karotten hinzufügen. 5 Minuten anbraten, bis sie weich sind.
4. Den Knoblauch dazugeben und 1 Minute lang kochen, bis er duftet.
5. Geben Sie gekochte Linsen, Gemüsemischung, Walnüsse, Samen und Hafer in eine große Schüssel.
6. Leinsamenmischung, Tomatenmark, Tamari und Gewürze hinzufügen. Gründlich vermischen.
7. Drücken Sie die Mischung fest in die vorbereitete Kastenform.
8. 40–45 Minuten backen, bis es fest und oben goldbraun ist.
9. Vor dem Schneiden 10 Minuten abkühlen lassen.

Hormonausgleichende Tempeh-Schüssel

Zubereitungszeit: 20 Minuten | Kochzeit: 25 Minuten | Portionen: 4 | Schwierigkeitsgrad: Mittel

Zutaten:

- 300 g Tempeh, in 2 cm große Würfel geschnitten
- 2 Esslöffel Olivenöl
- 2 Esslöffel Tamari oder Sojasauce
- 1 Esslöffel Apfelessig
- 1 Teelöffel Ahornsirup
- 2 Knoblauchzehen, gehackt
- 1 Teelöffel gemahlener Kreuzkümmel
- 200 g Brokkoliröschen
- 200 g Rosenkohl, halbiert
- 1 Süßkartoffel, gewürfelt und geröstet
- 100 g Rotkohl, geraspelt
- 1 Avocado, in Scheiben geschnitten
- 200 g gekochter brauner Reis oder Quinoa
- 2 Esslöffel Tahini
- 1 Esslöffel Zitronensaft
- 2 Esslöffel Wasser
- 2 Esslöffel gemischte Samen

Verfahren:

1. Backofen auf 200 °C vorheizen.
2. Mischen Sie in einer Schüssel 1 Esslöffel Olivenöl, Tamari, Apfelessig, Ahornsirup, Knoblauch und Kreuzkümmel.
3. Tempehwürfel dazugeben und vermischen. 15 Minuten marinieren lassen.
4. Verteilen Sie das Tempeh auf einem Backblech und backen Sie es 20 Minuten lang, wobei Sie es nach der Hälfte der Zeit wenden, bis es goldbraun und knusprig ist.
5. In der Zwischenzeit Brokkoli und Rosenkohl ca. 5 Minuten dünsten, bis sie zart und knusprig sind.
6. Tahini, Zitronensaft und Wasser verquirlen, um ein Dressing zuzubereiten.
7. Schüsseln zusammenstellen: Reis oder Quinoa unten anrichten, Tempeh, Süßkartoffel, Brokkoli, Rosenkohl, Kohl und Avocado darauf anrichten.
8. Mit Tahini-Dressing beträufeln und mit gemischten Körnern bestreuen.

Aminosäureprofil-ausgewogene Quinoa-Pfanne

Zubereitungszeit: 15 Minuten | Kochzeit: 25 Minuten | Portionen: 4 | Schwierigkeitsgrad: Einfach

Zutaten:

- 200 g Quinoa, abgespült
- 400 ml Gemüsebrühe
- 2 Esslöffel Olivenöl
- 1 Zwiebel, gewürfelt
- 2 Knoblauchzehen, gehackt
- 1 rote Paprika, gewürfelt
- 1 Zucchini, gewürfelt
- 150 g Champignons, in Scheiben
- 100 g Spinat
- 400 g schwarze Bohnen aus der Dose, abgetropft und abgespült
- 60 g Fetakäse, zerbröselt (optional)
- 50 g Kürbiskerne
- 2 Esslöffel frischer Koriander, gehackt
- 1 Avocado, gewürfelt
- 1 Esslöffel Zitronensaft
- 1 Teelöffel gemahlener Kreuzkümmel
- ½ Teelöffel Paprika
- Salz und Pfeffer nach Geschmack

Verfahren:

1. Quinoa in Gemüsebrühe nach Packungsanweisung kochen. Beiseite stellen.
2. Olivenöl in einer großen Pfanne bei mittlerer Hitze erhitzen. Zwiebel hinzufügen und glasig anbraten.
3. Knoblauch, Paprika, Zucchini und Pilze hinzufügen. 5–7 Minuten kochen, bis sie weich sind.
4. Gekochten Quinoa, schwarze Bohnen, Kreuzkümmel und Paprika unterrühren. 3 Minuten kochen lassen, damit sich die Aromen vermischen.
5. Spinat hinzufügen und kochen, bis er gerade welk ist.
6. Vom Herd nehmen. Feta (sofern verwendet), Kürbiskerne und Zitronensaft unterheben.
7. Mit Salz und Pfeffer würzen.
8. Vor dem Servieren mit Avocado und Koriander garnieren.

Beta-Carotin-Hähnchen-Tajine

Zubereitungszeit: 20 Minuten | Kochzeit: 45 Minuten | Portionen: 6 | Schwierigkeitsgrad: Mittel

Zutaten:

- 800 g Hähnchenschenkel, mit Knochen, ohne Haut
- 2 Esslöffel Olivenöl
- 2 Zwiebeln, in Scheiben geschnitten
- 4 Knoblauchzehen, gehackt
- 1 Esslöffel frischer Ingwer, gerieben
- 2 Teelöffel gemahlener Kreuzkümmel
- 2 Teelöffel gemahlener Koriander
- 1 Teelöffel gemahlener Zimt
- ½ Teelöffel gemahlener Kurkuma
- ¼ Teelöffel Cayennepfeffer
- 4 Karotten, in 2 cm große Stücke geschnitten
- 2 Süßkartoffeln, in 2 cm große Stücke geschnitten
- 400 g gewürfelte Tomaten aus der Dose
- 300 ml Hühnerbrühe
- 100 g getrocknete Aprikosen, gehackt
- 1 eingelegte Zitrone, abgespült und gehackt
- 60 g grüne Oliven
- 2 Esslöffel frischer Koriander, gehackt
- 2 Esslöffel frische Minze, gehackt

Verfahren:

1. Hähnchen mit Salz und Pfeffer würzen. Olivenöl in einem großen Topf oder Tajine mit schwerem Boden bei mittlerer bis hoher Hitze erhitzen.
2. Das Hähnchen von allen Seiten anbraten, etwa 3–4 Minuten pro Seite. Herausnehmen und beiseite legen.
3. Geben Sie die Zwiebeln in denselben Topf und dünsten Sie sie, bis sie glasig sind. Fügen Sie Knoblauch und Ingwer hinzu und kochen Sie alles 1 Minute lang.
4. Alle Gewürze hinzufügen und unter ständigem Rühren 30 Sekunden lang kochen, bis ein aromatischer Duft entsteht.
5. Karotten und Süßkartoffeln hinzufügen. 5 Minuten unter gelegentlichem Umrühren kochen.
6. Geben Sie das Huhn wieder in den Topf. Fügen Sie Tomaten, Brühe und Aprikosen hinzu. Zum Köcheln bringen.

7. Reduzieren Sie die Hitze auf niedrige Stufe, decken Sie den Topf ab und lassen Sie das Ganze 30–35 Minuten köcheln, bis das Huhn durchgegart und das Gemüse zart ist.
8. Eingelegte Zitrone und Oliven hinzufügen. Weitere 5 Minuten offen köcheln lassen.
9. Vor dem Servieren mit frischen Kräutern garnieren.

Medley aus Meereskollagen und Meeresfrüchten

Zubereitungszeit: 20 Minuten | Kochzeit: 25 Minuten | Portionen: 4 | Schwierigkeitsgrad: Mittel

Zutaten:

- 200 g fester Weißfisch, in Stücke geschnitten
- 200 g Garnelen, geschält und entdarmt
- 200 g Muscheln, gesäubert und entbartet
- 100 g Tintenfisch, gesäubert und in Ringe geschnitten
- 2 Esslöffel Olivenöl
- 1 Zwiebel, fein gehackt
- 3 Knoblauchzehen, gehackt
- 1 Fenchelknolle, dünn geschnitten
- 1 rote Paprika, gewürfelt
- 2 Stangen Sellerie, gehackt
- 400 g gewürfelte Tomaten aus der Dose
- 240 ml Fisch- oder Meeresfrüchtebrühe
- 1 Lorbeerblatt
- 1 Teelöffel getrockneter Oregano
- Eine Prise rote Pfefferflocken
- 2 Esslöffel frische Petersilie, gehackt
- 1 Zitrone, in Spalten geschnitten

Verfahren:

1. Olivenöl in einer großen, tiefen Bratpfanne oder einem Schmortopf bei mittlerer Hitze erhitzen. Zwiebel, Knoblauch, Fenchel, Paprika und Sellerie hinzufügen. 5 Minuten kochen, bis alles weich ist.
2. Tomaten, Brühe, Wein (sofern verwendet), Lorbeerblatt, Oregano, Safran (sofern verwendet) und rote Pfefferflocken hinzufügen. Zum Köcheln bringen.
3. 10 Minuten kochen lassen, damit sich die Aromen verbinden können.
4. Geben Sie die Meeresfrüchte in folgender Reihenfolge hinzu: Zuerst den festen Weißfisch und den Tintenfisch, dann nach 3 Minuten die Garnelen und Muscheln.

5. Abdecken und etwa 5–7 Minuten kochen, bis der Fisch undurchsichtig, die Garnelen rosa und die Muscheln geöffnet sind. Ungeöffnete Muscheln wegwerfen.
6. Lorbeerblatt entfernen. Mit Salz und Pfeffer würzen.
7. Mit frischer Petersilie garnieren und mit Zitronenscheiben servieren.

Pflanzliches Protein Power Hülsenfrüchte Curry

Zubereitungszeit: 15 Minuten | Kochzeit: 35 Minuten | Portionen: 6 | Schwierigkeitsgrad: Mittel

Zutaten:

- 2 Esslöffel Kokosöl
- 1 Zwiebel, fein gehackt
- 3 Knoblauchzehen, gehackt
- 1 Esslöffel frischer Ingwer, gerieben
- 1 Esslöffel gemahlener Kreuzkümmel
- 2 Teelöffel gemahlener Koriander
- 1 Teelöffel gemahlener Kurkuma
- ½ Teelöffel Zimt
- ¼ Teelöffel Cayennepfeffer (nach Geschmack anpassen)
- 400 g Kichererbsen aus der Dose, abgetropft und abgespült
- 200 g rote Linsen, abgespült
- 200 g Erbsen (frisch oder gefroren)
- 400 g gewürfelte Tomaten aus der Dose
- 400 ml Kokosmilch
- 300 ml Gemüsebrühe
- 200 g Spinat
- Saft von 1 Limette
- 50 g Cashewkerne, geröstet und gehackt
- 2 Esslöffel frischer Koriander, gehackt
- Salz nach Geschmack

Verfahren:

1. Kokosöl in einem großen Topf bei mittlerer Hitze erhitzen. Zwiebel hinzufügen und anbraten, bis sie glasig ist.
2. Knoblauch und Ingwer hinzufügen und 1 Minute kochen, bis es duftet.
3. Alle Gewürze hinzufügen und 30 Sekunden unter ständigem Rühren kochen.
4. Kichererbsen, rote Linsen, Tomaten, Kokosmilch und Brühe hinzufügen. Zum Kochen bringen.
5. Hitze reduzieren, abdecken und 20 Minuten köcheln lassen, bis die Linsen weich sind.

6. Erbsen hinzufügen und weitere 5 Minuten kochen.
7. Spinat und Limettensaft unterrühren. Kochen, bis der Spinat gerade welk ist.
8. Mit Salz abschmecken.
9. Mit gerösteten Cashewnüssen und Koriander garniert servieren.

Regeneratives Lammkarree mit Kräuterkruste

Zubereitungszeit: 15 Minuten + 30 Minuten Ruhezeit | Kochzeit: 25 Minuten | Portionen: 4 | Schwierigkeitsgrad: Mittel

Zutaten:

- 1 Lammkarree (8 Knochen), pariert und pariert
- 2 Esslöffel Olivenöl
- 2 Knoblauchzehen, gehackt
- 1 Esslöffel frischer Rosmarin, fein gehackt
- 1 Esslöffel frischer Thymian, fein gehackt
- 1 Esslöffel frische Minze, fein gehackt
- 1 Esslöffel Dijon-Senf
- 60 g Mandelmehl
- 30 g gemahlene Pistazien
- Schale von 1 Zitrone
- 1 Teelöffel Meersalz
- ½ Teelöffel schwarzer Pfeffer
- **Zum Servieren:**
- 200 g geröstete Rote Bete
- 100 g grüne Bohnen, blanchiert
- 2 Esslöffel Granatapfelkerne

Verfahren:

1. Backofen auf 200 °C vorheizen.
2. Lammfleisch mit Küchenpapier trockentupfen. Mit Salz und Pfeffer würzen.
3. 1 Esslöffel Olivenöl in einer Pfanne bei hoher Hitze erhitzen. Das Lammfleisch von allen Seiten anbraten, bis es braun ist, etwa 2 Minuten pro Seite. Zum Abkühlen beiseitestellen.
4. In einer Schüssel Knoblauch, Kräuter, restliches Olivenöl, Mandelmehl, Pistazien und Zitronenschale vermischen.
5. Lammfleisch mit Dijon-Senf bestreichen, dann die Kräutermischung fest auf das Fleisch drücken.
6. Legen Sie das Lammfleisch mit der Knochenseite nach unten in eine Bratpfanne. Braten Sie es 18–22 Minuten lang für Medium-Rare (Innentemperatur 57–60 °C).

7. Vor dem Schneiden in einzelne Koteletts 10 Minuten ruhen lassen.
8. Mit gerösteter Roter Bete, grünen Bohnen und Granatapfelkernen servieren.

Mikrobiomfreundliches Pfannengericht aus fermentiertem Tofu

Zubereitungszeit: 20 Minuten + Marinierzeit | Kochzeit: 10 Minuten | Portionen: 4 | Schwierigkeitsgrad: Mittel

Zutaten:

- 400 g festen Tofu, gepresst und in 2 cm große Würfel geschnitten
- 100 g Tempeh, in dünne Streifen geschnitten
- 2 Esslöffel fermentierte schwarze Bohnensauce
- 2 Esslöffel Tamari oder Sojasauce
- 1 Esslöffel Reisessig
- 1 Esslöffel Sesamöl
- 2 Esslöffel Kokosöl
- 3 Knoblauchzehen, gehackt
- 1 Esslöffel frischer Ingwer, gerieben
- 1 rote Paprika, in Scheiben geschnitten
- 200 g Pak Choi, gehackt
- 150 g Shiitake-Pilze, in Scheiben geschnitten
- 100 g Zuckerschoten
- 100 g Sojasprossen
- 2 Esslöffel Kimchi, gehackt
- 1 Esslöffel geröstete Sesamkörner
- 2 Frühlingszwiebeln, in Scheiben geschnitten

Verfahren:

1. Tofu und Tempeh mindestens 30 Minuten in einer Mischung aus je 1 Esslöffel fermentierter schwarzer Bohnensauce, Tamari und Reisessig marinieren.
2. Erhitzen Sie 1 Esslöffel Kokosöl in einem Wok oder einer großen Pfanne bei hoher Hitze. Marinierten Tofu und Tempeh hinzufügen und ca. 5 Minuten goldbraun braten. Herausnehmen und beiseite stellen.
3. Restliches Kokosöl in den Wok geben. Knoblauch und Ingwer dazugeben und 30 Sekunden unter Rühren anbraten, bis ein aromatischer Duft entsteht.
4. Paprika, Pak Choy und Pilze hinzufügen. 3 Minuten unter Rühren braten.
5. Zuckerschoten und Sojasprossen hinzufügen. 1 Minute lang unter Rühren braten.

6. Geben Sie Tofu und Tempeh zurück in den Wok. Fügen Sie die restliche fermentierte schwarze Bohnensauce, Tamari und Sesamöl hinzu. Vermischen Sie alles miteinander.
7. Vom Herd nehmen und Kimchi unterheben.
8. Vor dem Servieren mit Sesamkörnern und Frühlingszwiebeln garnieren.

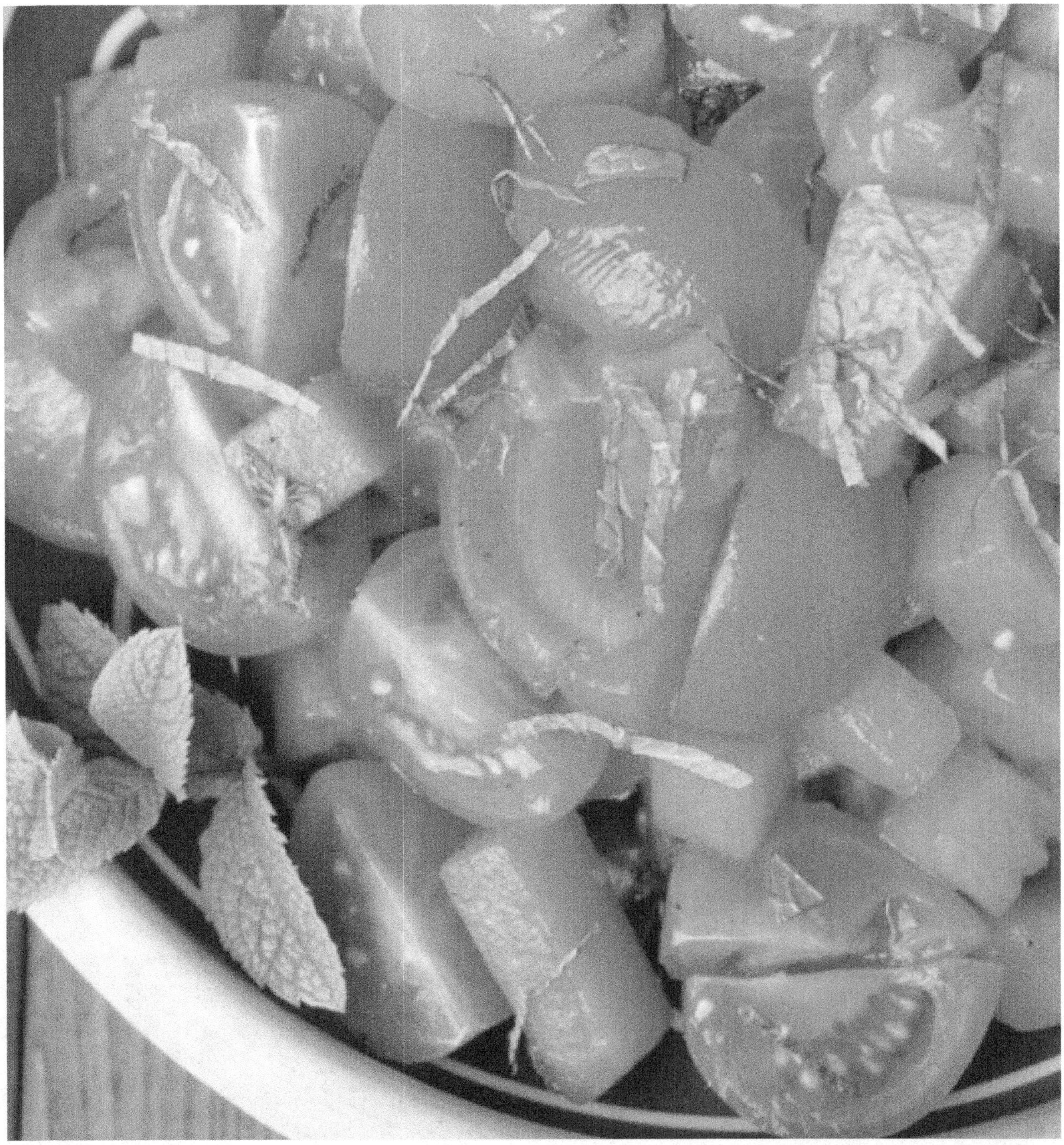

KAPITEL 8: HAUTPFLEGENDE SALATE UND BEILAGEN

Lycopin-Tomaten-Wassermelonen-Salat

Zubereitungszeit: 15 Minuten | Portionen: 4 | Schwierigkeitsgrad: Einfach

Zutaten:

- 500 g gemischte Heirloom-Tomaten, verschiedene Farben und Größen
- 300 g Wassermelone, Schale entfernt, in 2 cm große Würfel geschnitten
- 1 kleine rote Zwiebel, in dünne Scheiben geschnitten
- 30 g frische Minzblätter, zerzupft
- 30 g frische Basilikumblätter, zerzupft
- 2 Esslöffel natives Olivenöl extra
- 1 Esslöffel Balsamico-Essig
- 1 Esslöffel Tomatenmark
- 1/2 Teelöffel Meersalz
- Frisch gemahlener schwarzer Pfeffer
- 2 Esslöffel Kürbiskerne

Verfahren:

1. Schneiden Sie die Tomaten in unterschiedliche Formen: große Tomaten in Spalten und Kirschtomaten in Hälften.
2. In einer kleinen Schüssel Olivenöl, Balsamico-Essig und Tomatenmark verquirlen, bis eine Emulsion entsteht.
3. Tomaten und Wassermelone auf einer Servierplatte anrichten.
4. Rote Zwiebeln, Fetakäse (falls verwendet), Minze und Basilikum darüber streuen.
5. Mit dem Dressing beträufeln und darauf achten, dass das Tomatenmark verteilt wird.
6. Mit Salz und Pfeffer würzen.
7. Vor dem Servieren mit Kürbiskernen bestreuen.

Bittergrün mit Polyphenol-Dressing

Zubereitungszeit: 15 Minuten | Portionen: 4 | Schwierigkeitsgrad: Einfach

Zutaten:

- 100 g Radicchio, in mundgerechte Stücke gezupft
- 100 g Endivien, in Blätter gezupft
- 50 g Löwenzahnblätter, Stängel entfernt
- 50g Rucola
- 1 Chicorée, in Streifen geteilt
- 1 kleine Fenchelknolle, in dünne Scheiben geschnitten
- 1 Birne, in dünne Scheiben geschnitten
- 50 g Walnüsse, geröstet und gehackt

- **Für das Dressing:**
- 2 Esslöffel natives Olivenöl extra
- 1 Esslöffel Rotweinessig
- 1 Teelöffel Dijon-Senf
- 1 Teelöffel Honig (optional)
- 1 kleine Schalotte, fein gehackt
- 1 Teelöffel getrocknete Kräuter der Provence
- 1/4 Teelöffel Salz
- Frisch gemahlener schwarzer Pfeffer

Verfahren:

1. Waschen und trocknen Sie das gesamte Grün gründlich.
2. Geben Sie Radicchio, Endivien, Löwenzahnblätter, Rucola und Fenchel in eine große Salatschüssel.
3. Für das Dressing Olivenöl, Essig, Senf, Honig (falls verwendet), Schalotte, Kräuter, Salz und Pfeffer verquirlen, bis eine Emulsion entsteht.
4. Kurz vor dem Servieren noch Birnenscheiben zum Salat geben.
5. Mit Dressing beträufeln und vorsichtig vermischen, bis alles bedeckt ist.
6. Mit gerösteten Walnüssen bestreuen.

Carotin-Farbexplosion-Krautsalat

Zubereitungszeit: 20 Minuten | Portionen: 6 | Schwierigkeitsgrad: Einfach

Zutaten:

- 2 mittelgroße Karotten, in Julienne-Streifen geschnitten oder gerieben
- 1 gelbe Paprika, in dünne Scheiben geschnitten
- 1 orange Paprika, in dünne Scheiben geschnitten
- 1 kleiner Rotkohl, fein geraspelt
- 1 kleine Rote Bete, geschält und in Julienne-Streifen geschnitten
- 1 Mango, geschält und in dünne Streifen geschnitten
- 50 g rote Zwiebeln, dünn geschnitten
- 30 g frischer Koriander, gehackt
- 2 Esslöffel Kürbiskerne
- 2 Esslöffel Sonnenblumenkerne
- **Für das Dressing:**
- 3 Esslöffel natives Olivenöl extra
- 2 Esslöffel Apfelessig
- 1 Esslöffel frischer Limettensaft
- 1 Teelöffel Honig oder Ahornsirup
- 1 kleine Knoblauchzehe, gehackt
- 1/2 Teelöffel gemahlener Kreuzkümmel
- 1/4 Teelöffel gemahlener Kurkuma
- Meersalz und frisch gemahlener Pfeffer

Verfahren:

1. Geben Sie Karotten, Paprika, Kohl, Rote Bete, Mango und rote Zwiebeln in eine große Schüssel.
2. Für das Dressing Olivenöl, Essig, Limettensaft, Honig, Knoblauch, Kreuzkümmel, Kurkuma, Salz und Pfeffer verquirlen.
3. Das Dressing über das Gemüse gießen und gut vermischen, bis alles bedeckt ist.
4. 10 Minuten stehen lassen, damit sich die Aromen verbinden können.
5. Vor dem Servieren Koriander untermischen und mit Kürbis- und Sonnenblumenkernen bestreuen.

Präbiotische Ballaststoff-Power-Tabouli

Zubereitungszeit: 20 Minuten + 15 Minuten Ruhezeit | Portionen: 6 | Schwierigkeitsgrad: Einfach

Zutaten:

- 200g Bulgurweizen, feinkörnig
- 250ml kochendes Wasser
- 1 großes Bund Petersilie, fein gehackt (ca. 100g)
- 1 kleines Bund Minze, fein gehackt (ca. 30g)
- 4 Frühlingszwiebeln, fein geschnitten
- 2 mittelgroße Tomaten, entkernt, fein gewürfelt
- 1 Gurke, entkernt, fein gewürfelt
- 1 Esslöffel Akazienfaser
- 2 Esslöffel Topinamburpulver (oder frisch fein gerieben)
- 50g Granatapfelkerne
- 50 g Pistazien, gehackt
- **Für das Dressing:**
- 60 ml natives Olivenöl extra
- 3 Esslöffel frischer Zitronensaft
- 1 Knoblauchzehe, gehackt
- 1/2 Teelöffel gemahlener Piment
- Meersalz und frisch gemahlener Pfeffer

Verfahren:

1. Bulgur in eine große Schüssel geben und mit kochendem Wasser übergießen. Abdecken und 15 Minuten ruhen lassen, bis das Wasser absorbiert ist und der Bulgur weich ist.
2. Mit einer Gabel auflockern und auf Zimmertemperatur abkühlen lassen.
3. In einer kleinen Schüssel Olivenöl, Zitronensaft, Knoblauch, Piment, Salz und Pfeffer verquirlen.
4. Fügen Sie dem Bulgur Petersilie, Minze, Frühlingszwiebeln, Tomaten, Gurken, Akazienfasern und Topinamburpulver hinzu.
5. Das Dressing über die Mischung gießen und vorsichtig vermengen.
6. Mindestens 30 Minuten im Kühlschrank aufbewahren, damit sich die Aromen entfalten können.
7. Vor dem Servieren mit Granatapfelkernen und Pistazien bestreuen..

Hautstraffendes Kollagen-Pflanzengemisch

Zubereitungszeit: 15 Minuten | Kochzeit: 10 Minuten | Portionen: 4 | Schwierigkeitsgrad: Einfach

Zutaten:

- 200 g grüne Bohnen, geputzt
- 200 g Spargel, holzige Enden entfernt, in 5 cm große Stücke geschnitten
- 200 g Zuckerschoten, Fäden entfernt
- 1 rote Paprika, in Streifen geschnitten
- 2 Esslöffel Olivenöl
- 2 Knoblauchzehen, dünn geschnitten
- 1 Esslöffel frische Zitronenschale
- 2 Esslöffel frischer Zitronensaft
- 2 Esslöffel frischer Dill, gehackt
- 1 Esslöffel frische Thymianblätter
- 30g geriebene Mandeln, geröstet
- Meersalz und frisch gemahlener Pfeffer

Verfahren:

1. Einen großen Topf mit Salzwasser zum Kochen bringen. In einer großen Schüssel ein Eisbad zubereiten.
2. Grüne Bohnen 2 Minuten blanchieren, dann Spargel dazugeben und weitere 2 Minuten kochen.
3. Zuckerschoten hinzufügen und noch 1 Minute kochen.
4. Gemüse abgießen und sofort in ein Eisbad geben, um den Garvorgang zu stoppen. Nach dem Abkühlen gründlich abtropfen lassen.
5. Olivenöl in einer großen Pfanne bei mittlerer Hitze erhitzen. Knoblauch hinzufügen und ca. 30 Sekunden braten, bis er duftet.
6. Blanchiertes Gemüse und rote Paprika hinzufügen. 2–3 Minuten anbraten, bis die Paprika etwas weicher wird.
7. Vom Herd nehmen. Zitronenschale, Zitronensaft, Dill und Thymian hinzufügen. Gut vermischen.
8. Wenn Sie Kollagenpeptide verwenden, streuen Sie diese über warmes Gemüse und vermischen Sie alles vorsichtig.
9. Mit Salz und Pfeffer würzen. Vor dem Servieren mit gerösteten Mandeln garnieren.

Zellulärer Feuchtigkeitsspender mit Gurke und Kräutern

Zubereitungszeit: 15 Minuten + 30 Minuten Marinieren | Portionen: 4 | Schwierigkeitsgrad: Einfach

Zutaten:

- 3 mittelgroße Gurken, in dünne Scheiben geschnitten
- 1 kleine rote Zwiebel, in dünne Scheiben geschnitten
- 200 g gemischte Kirschtomaten, halbiert
- 100 g Radieschen, dünn geschnitten
- 50 g frischer Dill, gehackt
- 30 g frische Minze, gehackt
- 30 g frische Petersilie, gehackt
- 1 Esslöffel Zitronenschale

- **Für das Dressing:**
- 3 Esslöffel natives Olivenöl extra
- 2 Esslöffel Weißweinessig
- 1 Esslöffel frischer Zitronensaft
- 1 Teelöffel Honig
- 1/2 Teelöffel Meersalz
- 1/4 Teelöffel frisch gemahlener schwarzer Pfeffer
- 60 g griechischer Joghurt

Verfahren:

1. Legen Sie die Gurkenscheiben in ein Sieb. Mit einem halben Teelöffel Salz bestreuen und 15 Minuten abtropfen lassen.
2. Gurken mit Küchentüchern trocken tupfen.
3. Geben Sie Gurken, rote Zwiebeln, Kirschtomaten, Radieschen und Kräuter in eine große Schüssel.
4. Für das Dressing Olivenöl, Essig, Zitronensaft, Honig, Salz und Pfeffer verquirlen.
5. Das Dressing über das Gemüse gießen und vorsichtig vermischen, bis es bedeckt ist.
6. 30 Minuten im Kühlschrank aufbewahren, damit sich die Aromen entfalten können.
7. Vor dem Servieren einen Klecks griechischen Joghurt darüber geben und nach Belieben mit weiteren Kräutern bestreuen.

Antioxidantienteller mit Avocado und Zitrusfrüchten

Zubereitungszeit: 20 Minuten | Portionen: 4 | Schwierigkeitsgrad: Einfach

Zutaten:

- 2 Avocados, geschält und in Scheiben geschnitten
- 2 Orangen, geschält und segmentiert
- 1 Grapefruit, geschält und segmentiert
- 1 Blutorange, geschält und segmentiert
- 1 Limette, Saft und Schale
- 100 g gemischter Salat
- 50 g Pistazien, gehackt
- 2 Esslöffel Hanfsamen
- 1 kleine rote Zwiebel, in dünne Scheiben geschnitten
- **Für das Dressing:**
- 2 Esslöffel natives Olivenöl extra
- 1 Esslöffel frischer Orangensaft
- 1 Teelöffel Honig
- 1/4 Teelöffel gemahlener Zimt
- Prise Meersalz

Verfahren:

1. Mischgemüse auf einer Servierplatte anrichten.
2. Avocadoscheiben und Zitrussegmente kunstvoll auf dem Grünzeug anrichten.
3. Rote Zwiebelscheiben darüber streuen.
4. Für das Dressing Olivenöl, Orangensaft, Honig, Zimt und Salz verquirlen.
5. Das Dressing über den Salat träufeln.
6. Mit Pistazien und Hanfsamen bestreuen.
7. Zum Schluss mit Limettenschale und einem Spritzer Limettensaft abschmecken.

Chlorophyllreiche Green Goddess-Schale

Zubereitungszeit: 20 Minuten | Kochzeit: 10 Minuten | Portionen: 4 | Schwierigkeitsgrad: Mittel

Zutaten:

- 200g Babyspinat
- 100 g Grünkohl, Stängel entfernt und Blätter gehackt
- 100 g Mangold, Stiele entfernt und Blätter gehackt
- 100 g Brokkoliröschen, leicht gedünstet
- 1 Avocado, gewürfelt
- 50 g frische Kräuter, gehackt
- 50g Microgreens
- 50g Kürbiskerne
- 50 g Pistazien, gehackt
- 1 Gurke, gewürfelt
- 100 g grüne Erbsen, frisch oder aufgetaut, gefroren

- **Für das Dressing:**
- 1 reife Avocado
- 60 ml natives Olivenöl extra
- 2 Esslöffel frischer Zitronensaft
- 1 Knoblauchzehe
- 30g frische Basilikumblätter
- 30g frische Petersilie
- 1 Esslöffel Apfelessig
- 2 Esslöffel Wasser
- 1/2 Teelöffel Meersalz
- 1/4 Teelöffel schwarzer Pfeffer

Verfahren:

1. Für das Dressing alle Dressing-Zutaten in einem Mixer oder einer Küchenmaschine vermengen. Mixen, bis eine glatte, cremige Masse entsteht.
2. Massieren Sie in einer großen Schüssel den Grünkohl 1–2 Minuten lang mit einer kleinen Menge Dressing, bis er weich wird.
3. Geben Sie Spinat, Mangold, Brokkoli, gewürfelte Avocado, Kräuter, Microgreens, Gurke und grüne Erbsen in die Schüssel.
4. Restliches Dressing hinzufügen und vorsichtig vermischen, bis alles bedeckt ist.
5. Auf Servierschüsseln verteilen und mit Kürbiskernen und Pistazien garnieren.

Beta-Carotin-Karotten-Ingwer-Krautsalat

Zubereitungszeit: 15 Minuten | Portionen: 4 | Schwierigkeitsgrad: Einfach

Zutaten:

- 4 große Karotten, gerieben oder in Julienne-Streifen geschnitten
- 1 kleine Jicama, geschält und in Julienne-Streifen geschnitten
- 1 gelbe Paprika, in dünne Scheiben geschnitten
- 1 Apfel, in Julienne-Streifen geschnitten
- 2 Esslöffel frischer Ingwer, fein gerieben
- 30 g frischer Koriander, gehackt
- 30 g frische Minze, gehackt
- 2 Esslöffel Leinsamenöl
- 1 Esslöffel geröstetes Sesamöl
- 2 Esslöffel frischer Limettensaft
- 1 Esslöffel Honig
- 2 Esslöffel Reisessig
- 1 Teelöffel Meersalz
- 1/4 Teelöffel rote Pfefferflocken
- 50 g Cashewkerne, geröstet und gehackt

Verfahren:

1. Geben Sie Karotten, Jicama, Paprika, Apfel, Ingwer, Koriander und Minze in eine große Schüssel.
2. In einer kleinen Schüssel Leinsamenöl, Sesamöl, Limettensaft, Honig, Reisessig, Salz und rote Pfefferflocken verquirlen.
3. Das Dressing über das Gemüse gießen und vermischen, bis es gleichmäßig bedeckt ist.
4. 10 Minuten stehen lassen, damit sich die Aromen verbinden können.
5. Kurz vor dem Servieren mit gerösteten Cashewnüssen bestreuen.

Schwefelverbindung Kreuzblütlerseite

Zubereitungszeit: 15 Minuten | Kochzeit: 10 Minuten | Portionen: 4 | Schwierigkeitsgrad: Einfach

Zutaten:

- 300 g Rosenkohl, geputzt und halbiert
- 200 g Blumenkohl, in kleine Röschen geschnitten
- 150 g Brokkoli, in kleine Röschen geschnitten
- 100 g Grünkohl, Stängel entfernt und Blätter gehackt
- 2 Esslöffel Olivenöl
- 3 Knoblauchzehen, gehackt
- 1 Esslöffel frischer Ingwer, gerieben
- 2 Esslöffel Apfelessig
- 1 Esslöffel Vollkornsenf
- 1 Teelöffel Kümmel
- 1/4 Teelöffel rote Pfefferflocken
- Meersalz und frisch gemahlener schwarzer Pfeffer
- 2 Esslöffel frischer Schnittlauch, gehackt

Verfahren:

1. Einen großen Topf mit Salzwasser zum Kochen bringen. In einer großen Schüssel ein Eisbad zubereiten.
2. Rosenkohl 3 Minuten blanchieren, dann Blumenkohl und Brokkoli hinzufügen. Weitere 2 Minuten kochen.
3. Gemüse abtropfen lassen und sofort in ein Eisbad geben. Nach dem Abkühlen gründlich abtropfen lassen.
4. Olivenöl in einer großen Pfanne bei mittlerer Hitze erhitzen. Knoblauch und Ingwer hinzufügen und 30 Sekunden anbraten, bis ein aromatischer Duft entsteht.
5. Blanchiertes Gemüse und Grünkohl hinzufügen. 3–4 Minuten anbraten, bis der Grünkohl welk ist und das Gemüse durchgewärmt ist.
6. Apfelessig, Senf, Kümmel und rote Pfefferflocken hinzufügen. Gut vermischen, bis alles bedeckt ist.
7. Mit Salz und Pfeffer würzen.
8. Vor dem Servieren mit frischem Schnittlauch garnieren.

KAPITEL 9: MIKROBIOMFREUNDLICHE FERMENTE UND GEWÜRZE

Probiotisches Rotkohlkraut

Zubereitungszeit: 30 Minuten | Gärzeit: 7-14 Tage | Ertrag: 1 Liter | Schwierigkeit: Mittel

Zutaten:

- 1 mittelgroßer Rotkohl (ca. 1 kg), äußere Blätter entfernt
- 2 Esslöffel Meersalz (nicht jodiert)
- 1 Esslöffel Kümmel
- 1 Esslöffel Wacholderbeeren
- 1 Apfel, entkernt und gerieben
- 1 kleine rote Zwiebel, in dünne Scheiben geschnitten

Ausrüstung:

- 1-Liter-Weithalsglas, sterilisiert
- Kleineres Glasgefäß, das in die Öffnung des größeren Gefäßes passt
- Sauberes Gewicht (wie ein kleiner Stein, 10 Minuten gekocht)
- Sauberes Küchentuch
- Gummiband

Verfahren:

1. Den Kohl vierteln und den Strunk entfernen. In dünne Scheiben schneiden oder raspeln.
2. Den Kohl in eine große Schüssel geben und mit Salz bestreuen. Mit sauberen Händen 8–10 Minuten lang fest einmassieren, bis der Kohl Flüssigkeit abgibt.
3. Kümmel, Wacholderbeeren, geriebenen Apfel und rote Zwiebeln hinzufügen. Gründlich vermischen.
4. Füllen Sie die Mischung fest in das sterilisierte Glas und drücken Sie nach unten, um Lufteinschlüsse zu entfernen. Die Flüssigkeit sollte über den Kohl steigen.

5. Geben Sie bei Bedarf eine kleine Menge gefiltertes Wasser mit einem halben Teelöffel Salz pro Tasse hinzu, um sicherzustellen, dass der Kohl vollständig bedeckt ist.
6. Stellen Sie das kleinere Glas in die Öffnung des größeren Glases, damit der Kohl unter Wasser bleibt.
7. Mit einem sauberen Küchentuch abdecken und mit einem Gummiband befestigen, um Staub und Insekten fernzuhalten, gleichzeitig aber die Gase entweichen zu lassen.
8. Bei Raumtemperatur (18–22 °C) aufbewahren und vor direkter Sonneneinstrahlung schützen.
9. Kontrollieren Sie den Kohl täglich, entfernen Sie allen Schimmel, der sich auf der Oberfläche gebildet hat (das ist normal) und drücken Sie ihn bei Bedarf wieder nach unten.
10. Probieren Sie nach 7 Tagen den Geschmack und die gewünschte säuerliche Note. Wenn Sie einen stärkeren Geschmack bevorzugen, lassen Sie das Getränk weiter gären.
11. Nach Abschluss der Gärung mit einem Deckel verschließen und bis zu 6 Monate im Kühlschrank aufbewahren.

Nährwertangaben: Dieses nicht pasteurisierte Sauerkraut enthält die nützlichen Probiotika, die Dr. Adler speziell für die Darmgesundheit empfiehlt. Die während der Fermentation entstehenden Milchsäurebakterien unterstützen die Mikrobiomvielfalt und die Darmbarrierefunktion. Rotkohl liefert Anthocyane mit antioxidativen Eigenschaften, während Kümmel die Verdauung unterstützt, indem er die Gasbildung reduziert. Der Fermentationsprozess erhöht die Bioverfügbarkeit von Nährstoffen und erzeugt Verbindungen, die die Immunfunktion unterstützen.

Darmheilende kultivierte Karotten

Zubereitungszeit: 20 Minuten | Gärzeit: 3-5 Tage | Ertrag: 1 Liter | Schwierigkeit: Einfach

Zutaten:

- 1 kg Karotten, geschält und in Stifte geschnitten
- 4-5 Knoblauchzehen, geschält und in Scheiben geschnitten
- 2 Esslöffel frischer Ingwer, in Scheiben geschnitten
- 2 Esslöffel Meersalz (nicht jodiert)
- 1 Esslöffel roher Honig
- 1 Liter gefiltertes Wasser
- 2 Esslöffel Molke aus Joghurt mit lebendigem Fruchtfleisch (optional, für schnellere Gärung)
- 2 Lorbeerblätter
- 1 Esslöffel Senfkörner
- 1 Esslöffel schwarze Pfefferkörner

Verfahren:

1. Sterilisieren Sie ein 1,5-Liter-Glas, indem Sie es mit heißem Seifenwasser waschen und gründlich ausspülen.
2. Packen Sie die Karotten senkrecht in das Glas und streuen Sie Knoblauch, Ingwer und Chili (falls verwendet) darüber.
3. Lösen Sie in einer separaten Schüssel Salz und Honig in gefiltertem Wasser auf. Fügen Sie bei Verwendung Molke hinzu.
4. Lorbeerblätter, Senfkörner und Pfefferkörner in das Glas geben.
5. Übergießen Sie die Karotten mit der Salzlake und stellen Sie sicher, dass sie vollständig bedeckt sind. Lassen Sie oben 2,5 cm Platz.
6. Legen Sie ein kleines Gewicht (z. B. einen mit Wasser gefüllten Druckverschlussbeutel) darauf, damit das Gemüse unter Wasser bleibt.
7. Mit einem Tuch abdecken und mit einem Gummiband befestigen, damit die Gase entweichen können.
8. Stellen Sie das Glas bei Zimmertemperatur (18–22 °C) auf einen Teller (um eventuell überlaufendes Glas aufzufangen) und vermeiden Sie direkte Sonneneinstrahlung.
9. Überprüfen Sie es täglich und entfernen Sie sämtlichen Schaum, der sich oben bildet (das ist normal).

10. Beginnen Sie nach 3 Tagen mit dem Probieren. Wenn die Karotten fertig sind, sollten sie würzig und leicht prickelnd sein.
11. Nach Abschluss der Gärung mit einem Deckel verschließen und bis zu 2 Monate im Kühlschrank aufbewahren.

Nährwertangaben: Diese kultivierten Karotten kombinieren das Beta-Carotin, das Dr. Adler für eine gesunde Haut empfiehlt, mit Probiotika aus Fermentation. Die während der Fermentation entstehenden Milchsäurebakterien unterstützen die Verdauung und Nährstoffaufnahme und helfen dabei, schädliche Bakterien zu verdrängen. Ingwer und Knoblauch wirken entzündungshemmend und antimikrobiell. Der Fermentationsprozess verbessert die Nährstoffverfügbarkeit und erzeugt kurzkettige Fettsäuren, die die Dickdarmzellen nähren.

Mikrobiom-aufbauendes Kimchi

Zubereitungszeit: 1 Stunde + 1-2 Stunden Salzen | Gärzeit: 2-5 Tage | Ertrag: 2 Liter | Schwierigkeit: Mittel

Zutaten:

- 1 großer Chinakohl (ca. 1,5 kg)
- 1/2 Tasse Meersalz (nicht jodiert)
- Wasser zum Spülen
- **Für die Paste:**
- 1/2 Tasse süßes Reismehl (Klebreismehl)
- 2 Tassen Wasser
- 2 Esslöffel roher Honig
- 1/2 Tasse koreanische rote Pfefferflocken (Gochugaru)
- 1/4 Tasse Fischsauce (oder Tamari für die vegane Variante)
- 1/4 Tasse gehackter Knoblauch
- 2 Esslöffel gehackter Ingwer
- **Gemüse:**
- 2 Bund Frühlingszwiebeln, geputzt und in 5 cm lange Stücke geschnitten
- 1 Daikon-Rettich, geschält und in Julienne-Streifen geschnitten
- 2 Karotten, geschält und in Julienne-Streifen geschnitten
- 1 Apfel, entkernt und gerieben

Verfahren:

1. Kohl der Länge nach vierteln und den Strunk entfernen. Jedes Viertel quer in 5 cm große Stücke schneiden.
2. Den Kohl in eine große Schüssel geben, mit Salz bestreuen und vermischen. So viel Wasser hinzufügen, dass der Kohl bedeckt ist, und 1–2 Stunden stehen lassen, dabei gelegentlich vermischen.
3. Kohl dreimal unter kaltem Wasser abspülen und in einem Sieb 20 Minuten lang gründlich abtropfen lassen.
4. Für die Paste Reismehl und Wasser in einem kleinen Topf verquirlen und bei mittlerer Hitze unter ständigem Rühren kochen, bis die Paste eindickt (ca. 5 Minuten). Vom Herd nehmen und abkühlen lassen.
5. Fügen Sie der abgekühlten Reispaste Honig, rote Pfefferflocken, Fischsauce, Knoblauch und Ingwer hinzu. Gut vermischen.
6. Geben Sie in eine große Schüssel den abgetropften Kohl mit Frühlingszwiebeln, Rettich, Karotten und Apfel.
7. Fügen Sie die Paste hinzu und vermischen Sie alles gründlich. Tragen Sie dabei Handschuhe, um Ihre Hände vor den Gewürzen zu schützen.
8. Dicht in sterilisierte Gläser füllen und nach unten drücken, um Lufteinschlüsse zu entfernen. 2,5 cm Freiraum lassen.
9. Verschließen Sie die Gläser locker und stellen Sie sie auf einen Teller, um eventuell überlaufendes Wasser aufzufangen.
10. Bei Zimmertemperatur (18–22 °C) 2–5 Tage lang gären lassen, dabei die Gläser täglich kurz öffnen und so die Gase entweichen lassen.
11. Wenn die gewünschte Säure erreicht ist, in den Kühlschrank stellen. Der Geschmack wird sich weiter entwickeln. Am besten nach einer Woche im Kühlschrank aufbewahren.

Nährwertangaben: Dieses Kimchi enthält verschiedene Bakterienstämme, die Dr. Adler für die Darmgesundheit besonders hervorhebt, insbesondere durch die einzigartige Gemüsekombination. Durch die Fermentation entstehen zahlreiche nützliche Verbindungen, darunter organische Säuren, die die Verdauung und die Immunfunktion unterstützen.

Traditioneller Rübenkwas

Zubereitungszeit: 15 Minuten | Gärzeit: 2-5 Tage | Ertrag: 1 Liter | Schwierigkeit: Einfach

Zutaten:

- 3 mittelgroße Rüben, wenn möglich Bio, sauber geschrubbt
- 1/4 Tasse frischer Ingwer, in Scheiben geschnitten
- 2 Esslöffel Meersalz (nicht jodiert)
- 1 Liter gefiltertes Wasser
- 2 Esslöffel Molke aus Joghurt mit lebenden Bestandteilen (optional)
- 1 Orange, in Scheiben geschnitten, 1 Zimtstange, 5 Wacholderbeeren (optional)

Verfahren:

1. Sterilisieren Sie ein 1,5-Liter-Glas, indem Sie es mit heißem Seifenwasser waschen und gründlich ausspülen.
2. Rote Bete mit Schale in 2 cm große Würfel schneiden.
3. Geben Sie Rote Bete, Ingwer und beliebige Gewürze in das Glas.
4. Salz in gefiltertem Wasser auflösen. Bei Verwendung Molke hinzufügen.
5. Die Rote Bete mit der Salzlake übergießen und dabei oben 2,5 cm Platz lassen.
6. Mit einem sauberen Tuch abdecken und mit einem Gummiband befestigen.
7. Stellen Sie das Glas bei Raumtemperatur (18–22 °C) auf einen Teller und vermeiden Sie direkte Sonneneinstrahlung.
8. Überprüfen Sie es täglich und entfernen Sie den sich bildenden Schaum (das ist normal).
9. Beginnen Sie nach 2 Tagen mit der Verkostung. Der Kwas sollte leicht säuerlich und leicht sprudelnd sein, wenn er fertig ist.
10. Wenn die Gärung abgeschlossen ist, die Flüssigkeit in saubere Flaschen abseihen, verschließen und kühlen.
11. Mit den Rüben kann eine zweite Charge angesetzt werden, indem mehr gefiltertes Wasser und etwas weniger Salz hinzugefügt werden, oder sie können zu Salaten hinzugefügt werden.
12. Täglich 50-100 ml trinken, am besten morgens auf nüchternen Magen.

Verdauungsunterstützung Ginger Bug

Vorbereitungszeit: 10 Minuten | Kultivierungszeit: 5-7 Tage | Ertrag: 1 Tasse Starter | Schwierigkeit: Mittel

Zutaten:

- 5 cm Stück frische Ingwerwurzel, wenn möglich Bio
- 3 Esslöffel Rohrohrzucker
- 2 Tassen gefiltertes Wasser

- **Zur täglichen Fütterung:**
- 1 Esslöffel geriebener Ingwer
- 1 Esslöffel Rohrohrzucker

Verfahren:

1. Den Ingwer gründlich waschen, aber nicht schälen, da sich in der Schale die für die Gärung notwendige natürliche Hefe befindet.
2. Reiben Sie 2 Esslöffel Ingwer und geben Sie ihn in ein sauberes Glas.
3. 2 Esslöffel Zucker und 2 Tassen gefiltertes Wasser hinzufügen. Gut umrühren, bis sich der Zucker aufgelöst hat.
4. Mit einem Kaffeefilter oder einem sauberen Tuch abdecken und mit einem Gummiband befestigen, um die Luftzirkulation zu ermöglichen und gleichzeitig Staub und Insekten fernzuhalten.
5. Stellen Sie es an einen warmen Ort in Ihrer Küche (21–25 °C).
6. Fügen Sie in den nächsten 5–7 Tagen jeden Tag 1 Esslöffel geriebenen Ingwer und 1 Esslöffel Zucker hinzu und rühren Sie gut um.
7. Der „Käfer" ist fertig, wenn er sprudelnd und spritzig wird und einen angenehmen, leicht hefigen Geruch verströmt.
8. Sobald der Ingwer-Bug aktiv ist, kann er zur Herstellung natürlich fermentierter Limonaden und Stärkungsmittel verwendet werden.
9. Zur Erhaltung der Kultur im Kühlschrank aufbewahren und einmal wöchentlich mit je 1 EL geriebenem Ingwer und Zucker füttern.
10. 24 Stunden vor der Verwendung in Rezepten auf Raumtemperatur bringen.

Hausgemachter milchfreier Joghurt

Vorbereitungszeit: 15 Minuten | Inkubationszeit: 8-12 Stunden | Ertrag: 1 Liter | Schwierigkeit: Mittel

Zutaten:

- 1 Liter ungesüßte Kokosmilch (vollfett, ohne Zusätze)
- 4 Esslöffel Tapiokastärke
- 2 Esslöffel Inulinpulver oder Akazienfaser
- 2 Kapseln milchfreies Probiotikum (enthält Lactobacillus- und Bifidobacterium-Stämme, mindestens 50 Milliarden KBE)
- 1 Teelöffel Vanilleextrakt (optional)

Ausrüstung:

- Joghurtbereiter oder Dörrgerät
- Sterilisierte Gläser
- Sofort ablesbares Thermometer

Verfahren:

1. Gießen Sie Kokosmilch in einen mittelgroßen Topf. Rühren Sie Tapiokastärke und Inulin oder Akazienfaser unter.
2. Bei mittlerer Hitze unter ständigem Rühren erhitzen, bis die Mischung 82 °C erreicht. 5 Minuten lang bei dieser Temperatur halten, um alle unerwünschten Bakterien abzutöten.
3. Vom Herd nehmen und auf 43 °C abkühlen lassen. Bei Bedarf ein Eisbad verwenden, um das Abkühlen zu beschleunigen.
4. Wenn die Mischung 43 °C erreicht hat, öffnen Sie die Probiotika-Kapseln und streuen Sie das Pulver in die Kokosmilch. Geben Sie bei Bedarf Vanille hinzu.
5. Gründlich verquirlen, um die Probiotika gleichmäßig zu verteilen.
6. In sterilisierte Gläser füllen und die Deckel fest verschließen.
7. 8–12 Stunden in einen auf 43 °C eingestellten Joghurtbereiter oder Dörrautomaten stellen. Je länger die Inkubation, desto würziger wird der Joghurt.
8. Anschließend vor dem Verzehr mindestens 6 Stunden im Kühlschrank fest werden lassen.
9. Bis zu 1 Woche im Kühlschrank aufbewahren.

Fermentierter Knoblauchhonig

Zubereitungszeit: 20 Minuten | Gärzeit: 1 Monat | Ertrag: 500 ml | Schwierigkeit: Einfach

Zutaten:

- 2 Knoblauchzehen (ca. 20-25 Zehen)
- 500 ml roher, nicht pasteurisierter Honig
- 1 getrocknete Chilischote (optional)
- 5 Pfefferkörner (optional)

Verfahren:

1. Trennen und schälen Sie die Knoblauchzehen und achten Sie darauf, dass sie keine Schönheitsfehler oder weiche Stellen aufweisen.
2. Geben Sie den Knoblauch in ein sauberes, sterilisiertes Glasgefäß mit weiter Öffnung.
3. Fügen Sie bei Bedarf optionale Aromen hinzu.
4. Gießen Sie Honig über den Knoblauch und stellen Sie sicher, dass alle Zehen vollständig bedeckt sind.
5. Lassen Sie oben im Glas mindestens 2,5 cm Freiraum.
6. Mit einem Deckel abdecken, diesen jedoch nicht vollständig festziehen, damit die Gase entweichen können.
7. Stellen Sie das Glas auf einen Teller oder eine Schüssel, um eventuell überlaufendes Wasser aufzufangen.
8. Bei Raumtemperatur (18–22 °C) aufbewahren und vor direkter Sonneneinstrahlung schützen.
9. Drehen Sie das Glas täglich um, um sicherzustellen, dass der gesamte Knoblauch mit Honig bedeckt bleibt.
10. Öffnen Sie das Glas täglich kurz, um die Gase entweichen zu lassen und lassen Sie es aufstoßen.
11. Nach einer Woche beginnt der Knoblauch, seine Farbe zu ändern. Das ist normal.
12. Die Fermentation ist noch im Gange, aber der Honig-Knoblauch kann bereits nach 2 Wochen verwendet werden.
13. Warten Sie mindestens einen Monat, um den besten Geschmack und die besten medizinischen Eigenschaften zu erzielen.
14. Nach der Reifung im Kühlschrank aufbewahren, um die Gärung zu verlangsamen.

Präbiotisches Zwiebelrelish

Zubereitungszeit: 20 Minuten | Kochzeit: 30 Minuten | Ergibt: 500 ml | Schwierigkeit: Einfach

Zutaten:

- 5 große rote Zwiebeln, fein geschnitten
- 2 Esslöffel Olivenöl
- 3 Esslöffel roher Honig oder Ahornsirup
- 120 ml Apfelessig (mit Mutter)
- 60 ml Balsamico-Essig
- 2 Esslöffel Akazienfaser
- 1 Esslöffel Senfkörner
- 1 Teelöffel Meersalz
- 1/2 Teelöffel schwarzer Pfeffer
- 2 Lorbeerblätter
- 3 Zweige frischer Thymian

Verfahren:

1. Erhitzen Sie Olivenöl in einem großen Topf mit schwerem Boden bei mittlerer bis niedriger Hitze.
2. Geschnittene Zwiebeln hinzufügen und unter gelegentlichem Umrühren 15–20 Minuten langsam kochen, bis sie sehr weich und karamellisiert sind.
3. Honig oder Ahornsirup hinzufügen und weitere 5 Minuten kochen lassen. Dabei häufig umrühren, damit nichts anbrennt.
4. Fügen Sie beide Essige, Akazienfasern, Senfkörner, Salz, Pfeffer, Lorbeerblätter und Thymian hinzu.
5. Zum Kochen bringen und 10 Minuten köcheln lassen, bis die Masse leicht eingedickt ist.
6. Lorbeerblätter und Thymianzweige entfernen.
7. Füllen Sie das heiße Relish in sterilisierte Gläser und lassen Sie dabei 1 cm Platz.
8. Mit Deckeln verschließen und vollständig abkühlen lassen.
9. Im Kühlschrank bis zu 1 Monat aufbewahren.

Eingelegte Radieschen

Zubereitungszeit: 15 Minuten | Gärzeit: 3-5 Tage | Ertrag: 500 ml | Schwierigkeit: Einfach

Zutaten:

- 2 Bund Radieschen (ca. 500g), in dünne Scheiben geschnitten
- 1 kleine rote Zwiebel, in dünne Scheiben geschnitten
- 2-3 Knoblauchzehen, dünn geschnitten
- 1 Esslöffel geriebener frischer Ingwer
- 1 Esslöffel schwarze Pfefferkörner
- 2 Esslöffel Meersalz (nicht jodiert)
- 500 ml gefiltertes Wasser
- 1 Kohlblatt

Verfahren:

1. Radieschen gründlich waschen und in dünne Scheiben schneiden. Bei größeren Radieschen diese vorher vierteln.
2. Geben Sie Radieschen, Zwiebeln, Knoblauch, Ingwer und Pfefferkörner in ein sterilisiertes 1-Liter-Glas.
3. Salz in gefiltertem Wasser auflösen. Bei Verwendung Akazienfasern hinzufügen und verrühren.
4. Gießen Sie die Salzlake über das Gemüse und stellen Sie sicher, dass alles bedeckt ist.
5. Legen Sie das Kohlblatt obenauf, damit das Gemüse unter der Salzlake bleibt.
6. Verwenden Sie ein kleines Gewicht oder einen mit Wasser gefüllten Druckverschlussbeutel, um alles unter Wasser zu halten.
7. Bedecken Sie das Glas mit einem Tuch und befestigen Sie es mit einem Gummiband.
8. Auf einen Teller oder eine Schüssel legen, um eventuell überlaufende Flüssigkeit aufzufangen. Bei Raumtemperatur (18–22 °C) aufbewahren und vor direkter Sonneneinstrahlung schützen.
9. Überprüfen Sie es täglich, entfernen Sie den Schaum, der sich bildet, und stellen Sie sicher, dass das Gemüse unter Wasser bleibt.
10. Beginnen Sie nach 3 Tagen mit der Verkostung. Die Pickles sind fertig, wenn sie einen angenehm säuerlichen Geschmack und eine leichte Kohlensäure aufweisen.

11. Wenn die Gärung abgeschlossen ist, entfernen Sie das Kohlblatt, verschließen Sie das Glas mit einem Deckel und stellen Sie es in den Kühlschrank.
12. Diese Pickles sind im Kühlschrank bis zu 2 Monate haltbar.

Immunitätssteigernder Feueressig

Zubereitungszeit: 30 Minuten | Ziehzeit: 4-6 Wochen | Ergiebigkeit: 750 ml | Schwierigkeitsgrad: Mittel

Zutaten:

- 250 g frische Meerrettichwurzel, gerieben
- 1 große Zwiebel, gehackt
- 10 Knoblauchzehen, zerdrückt
- 100g frischer Ingwer, gerieben
- 100 g frischer Kurkuma, gerieben (oder 2 Esslöffel getrocknet)
- 2 scharfe Paprikaschoten (Jalapeño oder Habanero), in Scheiben geschnitten
- 1 Zitrone, in Scheiben geschnitten mit Schale
- 1 Orange, in Scheiben geschnitten mit Schale
- 2 Esslöffel Rosmarin, frisch oder getrocknet
- 2 Esslöffel Thymian, frisch oder getrocknet
- 1 Esslöffel schwarze Pfefferkörner
- 1 Zimtstange
- 750 ml roher Apfelessig (mit Mutter)
- 60-120 ml Rohhonig (nach dem Einweichen hinzugefügt)

Verfahren:

1. Geben Sie alle vorbereiteten Gemüse-, Obst-, Kräuter- und Gewürzsorten in ein sterilisiertes 1-Liter-Glas.
2. Gießen Sie Apfelessig über die Zutaten, bis diese vollständig bedeckt sind.
3. Legen Sie ein Stück Backpapier unter den Deckel, um zu verhindern, dass der Essig das Metall angreift.
4. Gut verschließen und gut schütteln.
5. An einem kühlen, dunklen Ort 4–6 Wochen aufbewahren und täglich schütteln.
6. Nach dem Ziehen die Flüssigkeit durch ein feinmaschiges Sieb oder ein Käsetuch in eine saubere Schüssel abseihen.

7. Drücken oder pressen Sie die Feststoffe, um möglichst viel Flüssigkeit zu extrahieren.
8. Honig zur abgeseihten Flüssigkeit hinzufügen und umrühren, bis er sich aufgelöst hat. Menge nach Geschmack anpassen.
9. In sterilisierte Flaschen füllen und mit dem Datum beschriften.
10. Im Kühlschrank bis zu 12 Monate lagern.
11. Nehmen Sie täglich 1 Esslöffel als vorbeugendes Stärkungsmittel oder bis zu 3 Esslöffel täglich, wenn Sie sich unwohl fühlen.
12. Kann mit Olivenöl verdünnt auch als würziges Salatdressing oder Marinade verwendet werden.

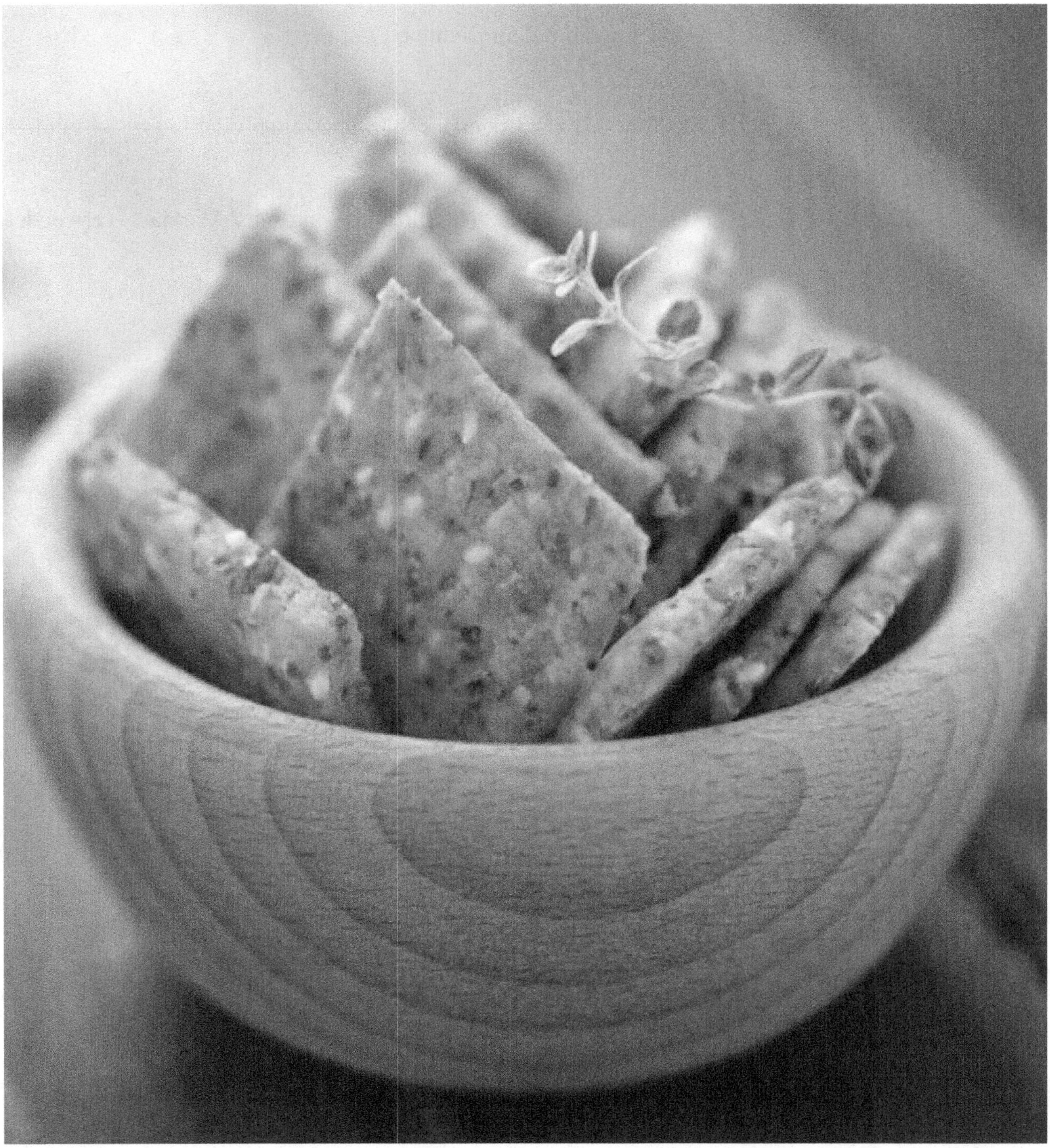

KAPITEL 10: SMART SNACKS UND TRAGBARE ERNÄHRUNG

Hormonausgleichende Samencracker

Zubereitungszeit: 15 Minuten | Backzeit: 40-45 Minuten | Ergibt: 30 Cracker | Schwierigkeit: Mittel

Zutaten:

- 100g Leinsamen
- 50g Kürbiskerne
- 50g Sonnenblumenkerne
- 25g Sesamsamen
- 25g Hanfsamen
- 2 Esslöffel Chiasamen
- 2 Esslöffel Flohsamenschalen
- 1 Esslöffel getrockneter Rosmarin oder Thymian
- 1 Teelöffel Meersalz
- ¼ Teelöffel Knoblauchpulver
- ¼ Teelöffel Zwiebelpulver
- 350ml warmes Wasser
- 1 Esslöffel natives Olivenöl extra

Verfahren:

1. Den Backofen auf 170 °C vorheizen und ein Backblech mit Backpapier auslegen.
2. Geben Sie alle trockenen Zutaten in eine große Schüssel und vermischen Sie sie gut.
3. Fügen Sie der Samenmischung warmes Wasser und Olivenöl hinzu. Gut umrühren und 10 Minuten stehen lassen, damit die Mischung Flüssigkeit aufnimmt und eindickt.
4. Die Masse möglichst dünn und gleichmäßig (ca. 3-4mm dick) auf das vorbereitete Backblech streichen.
5. Legen Sie ein weiteres Blatt Backpapier darauf und drücken Sie es mit den Händen flach.
6. Entfernen Sie das obere Backpapier und ritzen Sie mit einem Messer Cracker-Formen aus der Mischung.
7. 30 Minuten backen, dann das ganze Crackerblech vorsichtig umdrehen und weitere 10–15 Minuten backen, bis es vollständig trocken und knusprig ist.
8. Vollständig abkühlen lassen, bevor Sie die Cracker entlang der Schnittlinien in einzelne Stücke brechen.
9. In einem luftdichten Behälter bis zu 2 Wochen aufbewahren.

Süßkartoffelchips mit Beta-Carotin

Zubereitungszeit: 10 Minuten | Backzeit: 20-25 Minuten | Portionen: 4 | Schwierigkeitsgrad: Einfach

Zutaten:

- 2 mittelgroße Süßkartoffeln, sauber geschrubbt
- 2 Esslöffel Olivenöl
- 1 Teelöffel geräucherter Paprika
- ½ Teelöffel gemahlener Zimt
- ¼ Teelöffel gemahlener Kurkuma
- ¼ Teelöffel Knoblauchpulver
- ¼ Teelöffel Meersalz
- Prise schwarzer Pfeffer

Verfahren:

1. Den Backofen auf 200 °C vorheizen und zwei Backbleche mit Backpapier auslegen.
2. Süßkartoffeln mit einem Gemüsehobel oder einem scharfen Messer sehr dünn (ca. 2 mm) schneiden.
3. Die Scheiben mit einem sauberen Küchentuch trockentupfen, um überschüssige Feuchtigkeit zu entfernen.
4. Süßkartoffelscheiben in einer großen Schüssel mit Olivenöl vermengen, bis sie gleichmäßig bedeckt sind.
5. Mischen Sie in einer kleinen Schüssel Paprika, Zimt, Kurkuma, Knoblauchpulver, Salz und Pfeffer.
6. Streuen Sie die Gewürzmischung über die Süßkartoffeln und mischen Sie sie vorsichtig, bis sie bedeckt sind.
7. Legen Sie die Scheiben in einer Lage auf die vorbereiteten Backbleche und achten Sie darauf, dass sie sich nicht überlappen.
8. 10–12 Minuten backen, dann jede Scheibe wenden und weitere 10–12 Minuten backen, bis die Ränder knusprig und leicht gebräunt sind.
9. Passen Sie in den letzten Minuten genau auf, damit nichts anbrennt.
10. Aus dem Ofen nehmen und auf den Backblechen vollständig abkühlen lassen, damit es noch knuspriger wird.

Präbiotische Ballaststoff-Energieriegel

Zubereitungszeit: 20 Minuten | Kühlzeit: 2 Stunden | Ergibt: 12 Riegel | Schwierigkeit: Einfach

Zutaten:

- 150g Haferflocken
- 50g gemahlene Leinsamen
- 2 Esslöffel Akazienfaser
- 2 Esslöffel Inulinpulver
- 50 g rohe Mandeln, grob gehackt
- 50g Walnüsse, grob gehackt
- 50g Kürbiskerne
- 50g getrocknete Aprikosen, gehackt
- 50 g getrocknete Feigen, gehackt
- 2 reife Bananen, zerdrückt
- 3 Esslöffel Mandelbutter
- 2 Esslöffel Kokosöl, geschmolzen
- 2 Esslöffel roher Honig
- 1 Teelöffel Vanilleextrakt
- 1 Teelöffel Zimt
- ¼ Teelöffel Meersalz

Verfahren:

1. Legen Sie eine 20 x 20 cm große Backform mit Backpapier aus und lassen Sie an den Seiten einen Überhang übrig.
2. Mischen Sie in einer großen Schüssel Hafer, gemahlene Leinsamen, Akazienfasern, Inulinpulver, Mandeln, Walnüsse, Kürbiskerne, Trockenfrüchte, Zimt und Salz.
3. Mischen Sie in einer separaten Schüssel zerdrückte Bananen, Mandelbutter, geschmolzenes Kokosöl, Honig und Vanille, bis alles gut vermischt ist.
4. Gießen Sie die flüssigen Zutaten über die trockenen Zutaten und rühren Sie gründlich um, bis alles gut bedeckt ist.
5. Die Mischung fest in die vorbereitete Pfanne drücken, sodass eine gleichmäßige Schicht entsteht. Mit dem Boden eines Messbechers fest andrücken.
6. Mindestens 2 Stunden im Kühlschrank aufbewahren, bis es fest ist.
7. Sobald es fest ist, mithilfe des überstehenden Backpapiers aus der Pfanne heben und in 12 Riegel schneiden.
8. Zum einfacheren Transportieren können Sie einzelne Riegel in Pergamentpapier einwickeln.
9. Im Kühlschrank bis zu 1 Woche aufbewahren oder bis zu 3 Monate einfrieren.

Darmfreundliches Studentenfutter

Zubereitungszeit: 15 Minuten | Ergibt: 500 g | Schwierigkeitsgrad: Einfach

Zutaten:

- 100g rohe Mandeln
- 100g rohe Walnüsse
- 50g Kürbiskerne
- 50g Sonnenblumenkerne
- 25g Hanfsamen
- 50 g dunkle Schokoladenstückchen (70 % Kakao oder mehr)
- 50g getrocknete Heidelbeeren (ungesüßt)
- 50g getrocknete Aprikosen, gehackt
- 25 g kandierter Ingwer, gehackt
- 2 Esslöffel ungesüßte Kokosflocken
- 1 Teelöffel gemahlener Zimt
- ¼ Teelöffel Meersalz

Verfahren:

1. Backofen auf 160 °C vorheizen.
2. Mandeln, Walnüsse, Kürbiskerne und Sonnenblumenkerne auf einem Backblech verteilen.
3. Unter ständigem Umrühren 8–10 Minuten im Ofen rösten, bis es duftet und leicht goldbraun ist.
4. Vollständig abkühlen lassen.
5. Mischen Sie in einer großen Schüssel abgekühlte Nüsse und Samen mit Hanfsamen, Schokoladenstückchen, Trockenfrüchten, kandiertem Ingwer, Kokosflocken, Zimt und Salz.
6. Gründlich mischen, um die Zutaten gleichmäßig zu verteilen.
7. In luftdichten Behältern aufbewahren oder in kleine Beutel portionieren, um einen Snack für unterwegs zuzubereiten.
8. Bei Zimmertemperatur bis zu 2 Wochen, im Kühlschrank bis zu 1 Monat haltbar.

Lycopinreiches Tomatenleder

Zubereitungszeit: 20 Minuten | Dehydrierungszeit: 6-8 Stunden | Ergibt: ca. 20 Streifen | Schwierigkeit: Mittel

Zutaten:

- 1 kg reife Tomaten
- 2 Esslöffel Tomatenmark
- 2 Esslöffel Olivenöl
- 1 Esslöffel Honig (optional)
- 1 Esslöffel Balsamico-Essig
- 1 Teelöffel getrocknetes Basilikum
- 1 Teelöffel getrockneter Oregano
- ½ Teelöffel Knoblauchpulver
- ½ Teelöffel Meersalz
- ¼ Teelöffel schwarzer Pfeffer

Verfahren:

1. Heizen Sie den Backofen auf die niedrigste Stufe (normalerweise etwa 70–80 °C) vor oder stellen Sie einen Dörrautomaten bereit.
2. Bringen Sie einen großen Topf Wasser zum Kochen. Schneiden Sie in die Unterseite jeder Tomate ein kleines X.
3. Tomaten 30 Sekunden in kochendem Wasser blanchieren, dann in ein Eisbad geben.
4. Tomaten häuten, entkernen und das Fruchtfleisch grob zerkleinern.
5. Geben Sie Tomaten, Tomatenmark, Olivenöl, Honig (sofern verwendet), Balsamico-Essig und Gewürze in einen Mixer.
6. Mixen, bis eine glatte Masse entsteht.
7. Die Mischung in einen Topf geben und bei geringer Hitze 15–20 Minuten köcheln lassen, bis die Flüssigkeit reduziert und eingedickt ist.
8. Backbleche mit Backpapier oder Silikonmatten auslegen.
9. Die Tomatenmischung gleichmäßig in einer dünnen Schicht (ca. 3 mm dick) verteilen.
10. 6–8 Stunden in den Ofen oder Dörrapparat stellen, bis es nicht mehr klebrig, aber noch biegsam ist.
11. Vollständig abkühlen lassen, dann in Streifen schneiden und in Backpapier rollen.
12. In einem luftdichten Behälter bis zu 2 Wochen im Kühlschrank aufbewahren.

Chlorophyllreicher grüner Dip

Zubereitungszeit: 15 Minuten | Portionen: 6 | Schwierigkeitsgrad: Einfach

Zutaten:

- 2 reife Avocados
- 100g Babyspinat
- 50 g frische Kräuter (Mischung aus Petersilie, Basilikum, Koriander, Minze)
- 2 Knoblauchzehen
- 2 Esslöffel Tahini
- 2 Esslöffel natives Olivenöl extra
- 2 Esslöffel frischer Zitronensaft
- 1 Esslöffel Apfelessig
- ½ Teelöffel gemahlener Kreuzkümmel
- ¼ Teelöffel Cayennepfeffer (optional)
- Meersalz und schwarzer Pfeffer nach Geschmack
- 2 Esslöffel Kürbiskerne, geröstet, zum Garnieren
- Rohes Gemüse zum Servieren (Gurke, Paprika, Karotten, Sellerie)

Verfahren:

1. Geben Sie Spinat, Kräuter und Knoblauch in eine Küchenmaschine und mixen Sie alles fein.
2. Fügen Sie Avocados, Tahini, Olivenöl, Zitronensaft, Apfelessig, Kreuzkümmel, Cayennepfeffer (falls verwendet), Salz und Pfeffer hinzu.
3. Verarbeiten Sie es, bis es glatt ist. Unterbrechen Sie es bei Bedarf, um die Seiten abzukratzen.
4. Abschmecken und bei Bedarf nachwürzen.
5. In eine Servierschüssel geben und mit gerösteten Kürbiskernen bestreuen.
6. Sofort mit rohem Gemüse servieren oder in einem luftdichten Behälter mit einer dünnen Schicht Olivenöl darauf aufbewahren, um ein Bräunen zu verhindern.
7. Im Kühlschrank bis zu 3 Tage haltbar.

Polyphenol-Nuss- und Beerencluster

Zubereitungszeit: 15 Minuten | Backzeit: 20 Minuten | Ergibt: 24 Cluster | Schwierigkeit: Mittel

Zutaten:

- 150 g gemischte Nüsse (Mandeln, Walnüsse, Pekannüsse), grob gehackt
- 100g Hafer
- 50g Kürbiskerne
- 50g getrocknete Beeren (Heidelbeeren, Cranberries, Gojibeeren)
- 50 g dunkle Schokolade (70 % Kakaoanteil oder mehr), gehackt
- 3 Esslöffel Kokosöl
- 2 Esslöffel roher Honig
- 1 Esslöffel Ahornsirup
- 1 Teelöffel Vanilleextrakt
- 1 Teelöffel gemahlener Zimt
- ¼ Teelöffel gemahlener Kardamom
- ¼ Teelöffel Meersalz

Verfahren:

1. Den Backofen auf 150 °C vorheizen und ein Backblech mit Backpapier auslegen.
2. Mischen Sie in einer großen Schüssel Nüsse, Hafer, Kürbiskerne und getrocknete Beeren.
3. In einem kleinen Topf bei niedriger Hitze Kokosöl, Honig und Ahornsirup unter Rühren schmelzen, bis alles gut vermischt ist.
4. Vom Herd nehmen und Vanille, Zimt, Kardamom und Salz unterrühren.
5. Gießen Sie die flüssige Mischung über die trockenen Zutaten und rühren Sie, bis alles gut bedeckt ist.
6. Geben Sie die Mischung löffelweise auf das vorbereitete Backblech und bilden Sie kleine Häufchen.
7. 15–20 Minuten backen, bis es goldbraun ist.
8. Aus dem Ofen nehmen und vollständig abkühlen lassen.
9. Schmelzen Sie die Schokolade im Wasserbad oder in der Mikrowelle in 30-Sekunden-Schritten und rühren Sie zwischendurch jeweils um.
10. Träufeln Sie geschmolzene Schokolade über die abgekühlten Cluster.
11. Etwa 30 Minuten im Kühlschrank aufbewahren, bis die Schokolade fest ist.
12. In einem luftdichten Behälter bis zu 2 Wochen aufbewahren.

Mikrobiomunterstützende fermentierte Gemüsechips

Zubereitungszeit: 20 Minuten + Gärzeit | Dehydrierungszeit: 8-12 Stunden | Ergibt: 4 Tassen | Schwierigkeit: Fortgeschritten

Zutaten:

- 1 große Rote Bete, geschält
- 2 große Karotten, geschält
- 1 Süßkartoffel, geschält
- 1 Pastinake, geschält
- 1 Daikon-Rettich
- 2 Esslöffel Meersalz (nicht jodiert)
- 500ml gefiltertes Wasser
- 2 Esslöffel Molke (aus Joghurt mit lebenden Proteinen) oder 1 probiotische Kapsel
- 1 Esslöffel getrocknete Kräuter (Rosmarin, Thymian, Oregano)
- ½ Teelöffel schwarzer Pfeffer

Verfahren:

1. Schneiden Sie das gesamte Gemüse mit einem Gemüsehobel in sehr dünne Scheiben (ca. 2 mm Dicke).
2. Lösen Sie in einer großen Schüssel Salz in gefiltertem Wasser auf, um eine Salzlake herzustellen.
3. Molke oder Inhalt einer probiotischen Kapsel zur Salzlake hinzufügen und umrühren.
4. Tauchen Sie die Gemüsescheiben in die Salzlake und stellen Sie sicher, dass sie vollständig bedeckt sind. Verwenden Sie einen Teller oder ein Gewicht, um sie unter der Flüssigkeit zu halten.
5. Mit einem sauberen Tuch abdecken und 2–3 Tage bei Raumtemperatur (18–22 °C) gären lassen.
6. Gemüse abtropfen lassen und leicht abspülen.
7. Mit sauberen Küchentüchern oder Papiertüchern trockentupfen.
8. Mit getrockneten Kräutern und schwarzem Pfeffer vermengen.
9. In einer einzigen Schicht auf Dörrtabletts oder, wenn Sie einen Ofen verwenden, auf Backblechen anordnen.
10. Bei 50 °C 8–12 Stunden trocknen, bis es vollkommen knusprig ist.
11. Vor dem Aufbewahren in luftdichten Behältern vollständig abkühlen lassen.
12. Im vollständig trockenen Zustand bis zu 2 Wochen haltbar.

Kollagenverstärkende Knochenbrühe-Proteinhäppchen

Zubereitungszeit: 20 Minuten | Kühlzeit: 2 Stunden | Ergibt: 24 Bissen | Schwierigkeit: Mittel

Zutaten:

- 150g Mandelmehl
- 50g Kokosmehl
- 50 g grasgefütterte Kollagenpeptide oder Knochenbrühe-Proteinpulver
- 50g Mandelbutter
- 3 Esslöffel Kokosöl, geschmolzen
- 2 Esslöffel roher Honig
- 1 Esslöffel Zitronenschale
- 1 Teelöffel Vanilleextrakt
- ¼ Teelöffel Meersalz
- 50 g dunkle Schokolade (70 % Kakao oder mehr), geschmolzen (optional)
- 2 Esslöffel zerkleinerte Pistazien zum Überziehen (optional)

Verfahren:

1. Mischen Sie in einer großen Schüssel Mandelmehl, Kokosmehl, Kollagenpeptide und Salz.
2. In einer separaten Schüssel Mandelbutter, geschmolzenes Kokosöl, Honig, Zitronenschale und Vanille glatt rühren.
3. Die feuchten Zutaten zu den trockenen Zutaten geben und gründlich verrühren, bis ein Teig entsteht.
4. Ist die Masse zu trocken, geben Sie 1–2 EL Wasser hinzu, ist sie zu feucht, geben Sie mehr Mandelmehl hinzu.
5. Rollen Sie die Mischung mit sauberen Händen in 24 Kugeln mit einem Durchmesser von etwa 2,5 cm.
6. Wenn Sie einen Schokoladenüberzug verwenden, tauchen Sie jede Kugel zur Hälfte in geschmolzene Schokolade und dann in zerkleinerte Pistazien.
7. Auf ein mit Backpapier ausgelegtes Backblech legen und mindestens 2 Stunden im Kühlschrank fest werden lassen.
8. In einem luftdichten Behälter bis zu 1 Woche im Kühlschrank oder bis zu 3 Monate im Gefrierschrank aufbewahren.

Phytonährstoff-Powerbälle

Zubereitungszeit: 20 Minuten | Kühlzeit: 1 Stunde | Ergibt: 20 Kugeln | Schwierigkeit: Einfach

Zutaten:

- 100g Haferflocken
- 2 Esslöffel Matcha-Pulver
- 2 Esslöffel Kakaopulver
- 2 Esslöffel gemahlene Leinsamen
- 2 Esslöffel Akazienfaser
- 50 g entkernte Datteln, 10 Minuten in warmem Wasser eingeweicht
- 1 reife Banane, zerdrückt
- 3 Esslöffel Mandelbutter
- 1 Esslöffel Kokosöl, geschmolzen
- 1 Esslöffel Ahornsirup
- 1 Teelöffel Vanilleextrakt
- Prise Meersalz
- **Für den Überzug (eines auswählen oder mischen):**
- Kokosraspeln
- Kakaopulver
- Matcha Pulver
- Gemahlene Pistazien
- Hanfsamen

Verfahren:

1. Geben Sie die Haferflocken in eine Küchenmaschine und verarbeiten Sie sie zu grobem Mehl.
2. Matcha-Pulver, Kakaopulver, gemahlene Leinsamen, Akazienfasern und Salz hinzufügen. Vermischen.
3. Datteln abtropfen lassen und zusammen mit zerdrückter Banane, Mandelbutter, Kokosöl, Ahornsirup und Vanille in die Küchenmaschine geben.
4. Verarbeiten, bis die Mischung zu einem klebrigen Teig wird.
5. Wenn die Mischung zu feucht ist, geben Sie mehr Haferflocken hinzu, wenn sie zu trocken ist, geben Sie etwas Wasser hinzu.
6. Zum Festigen 30 Minuten im Kühlschrank aufbewahren.
7. Rollen Sie die Mischung mit sauberen Händen in 20 Kugeln mit einem Durchmesser von etwa 2,5 cm.
8. Rollen Sie jede Kugel in der Ummantelung Ihrer Wahl.
9. In einen luftdichten Behälter mit Pergamentpapier zwischen den Schichten geben.
10. Vor dem Servieren mindestens 1 Stunde kühl stellen.
11. Im Kühlschrank bis zu 1 Woche haltbar.

KAPITEL 11: GETRÄNKE FÜR EINE STRAHLENDE HAUT

Tägliches Tomaten-Lycopin-Elixier

Zubereitungszeit: 5 Minuten | Portionen: 1 | Schwierigkeitsgrad: Einfach

Zutaten:

- 200 ml Tomatensaft (vorzugsweise frisch gepresst oder natriumarmer, im Laden gekaufter)
- 1 Esslöffel Tomatenmark
- 1 Teelöffel natives Olivenöl extra
- 1 Esslöffel frischer Zitronensaft
- 1/4 Teelöffel Cayennepfeffer (optional)
- 1/2 Teelöffel getrocknetes Basilikum
- Prise Meersalz
- Frisch gemahlener schwarzer Pfeffer
- 1 Stange Sellerie zum Garnieren (optional)

Verfahren:

1. Rühren Sie in einem Glas Tomatensaft und Tomatenmark um, bis sie vollständig vermischt sind.
2. Fügen Sie Olivenöl, Zitronensaft, Cayenne-Pfeffer (falls verwendet), getrocknetes Basilikum, Salz und schwarzen Pfeffer hinzu.
3. Alle Zutaten gründlich verrühren.
4. Nach Belieben über Eis gießen und mit einer Selleriestange garnieren.
5. Um den Nährstoffgehalt zu maximieren, trinken Sie es sofort.

Karotten-Beta-Carotin-Erfrischung

Zubereitungszeit: 10 Minuten | Portionen: 2 | Schwierigkeitsgrad: Einfach

Zutaten:

- 4 mittelgroße Karotten, geputzt und grob gehackt
- 1 Orange, geschält und segmentiert
- 1 kleiner Apfel, entkernt und geviertelt
- 1 cm Stück frischer Ingwer, geschält
- 1/2 Teelöffel gemahlener Kurkuma
- 1 Teelöffel Leinsamenöl
- 240ml kaltes gefiltertes Wasser
- Eiswürfel (optional)
- Minzzweig zum Garnieren (optional)

Verfahren:

- Geben Sie Karotten, Orange, Apfel und Ingwer in einen Hochgeschwindigkeits-Entsafter.
- Den frischen Saft in einem Behälter auffangen.
- Geben Sie den Saft in einen Mixer und fügen Sie Kurkuma, Leinsamenöl und Wasser hinzu.
- 15–20 Sekunden lang mixen, bis alles gut vermischt ist.
- Nach Belieben in Gläser mit Eis gießen.
- Bei Verwendung mit einem Zweig Minze garnieren.
- Um den Nährstoffgehalt zu maximieren, trinken Sie es sofort.

Matcha Chlorophyll Morgenaktivator

Zubereitungszeit: 5 Minuten | Portionen: 1 | Schwierigkeitsgrad: Einfach

Zutaten:

- 1 Teelöffel hochwertiges Matcha-Pulver
- 1/2 Teelöffel flüssiges Chlorophyll (optional)
- 1 Teelöffel Akazienfaser
- 1 Teelöffel roher Honig oder Ahornsirup (optional)
- 240ml heißes Wasser (80°C, nicht kochend)
- 60ml ungesüßte Mandelmilch oder Hafermilch
- 1 kleines Minzblatt (optional)

Verfahren:

1. Sieben Sie Matcha-Pulver in eine Keramikschüssel oder einen Becher, um Klumpen zu vermeiden.
2. Fügen Sie eine kleine Menge heißes Wasser (ca. 60 ml) hinzu und schlagen Sie es kräftig in Zickzack-Bewegungen, bis es schaumig ist. Verwenden Sie, wenn möglich, einen traditionellen Bambus-Schneebesen oder einen Milchaufschäumer.
3. Restliches heißes Wasser, flüssiges Chlorophyll (sofern verwendet), Akazienfaser und Süßstoff (sofern gewünscht) hinzufügen. Nochmals verquirlen, um alles zu vermischen.
4. Erwärmen Sie die Milch vorsichtig und schäumen Sie sie mit einem Handaufschäumer oder durch kräftiges Schütteln in einem verschlossenen Glas auf.
5. Gießen Sie aufgeschäumte Milch über die Matcha-Mischung.
6. Nach Belieben mit einem kleinen Minzblatt garnieren.
7. Sofort warm trinken.

Mikrobiomunterstützender präbiotischer Tee

Zubereitungszeit: 5 Minuten | Ziehzeit: 10 Minuten | Portionen: 2 | Schwierigkeitsgrad: Einfach

Zutaten:

- 1 Esslöffel getrocknete Klettenwurzel
- 1 Esslöffel getrocknete Löwenzahnwurzel
- 1 Teelöffel getrocknete Chicorée-Wurzel
- 1 Esslöffel getrocknete Hagebutten
- 1 Zimtstange
- 3-5 Scheiben frischer Ingwer
- 2 Esslöffel Apfelessig (mit Mutter)
- 1 Esslöffel Rohhonig (optional)
- 500ml kochendes Wasser
- Zitronenscheibe zum Garnieren (optional)

Verfahren:

1. Geben Sie Klettenwurzel, Löwenzahnwurzel, Zichorienwurzel, Hagebutten, Zimtstange und Ingwer in eine Teekanne oder ein hitzebeständiges Gefäß.
2. Die Kräuter und Gewürze mit kochendem Wasser übergießen.
3. Abdecken und 10 Minuten ziehen lassen.
4. In Tassen oder Servierbehälter abseihen.
5. Bei Verwendung Apfelessig und Honig hinzufügen. Umrühren, um zu vermischen.
6. Warm oder bei Zimmertemperatur servieren, nach Belieben mit einer Zitronenscheibe garniert.
7. Kann bis zu 3 Tage im Kühlschrank aufbewahrt und bei Bedarf wieder aufgewärmt werden.

Verdauungsstärkungsmittel mit Bitterkräutern

Zubereitungszeit: 10 Minuten | Ziehzeit: 15 Minuten | Portionen: 2 | Schwierigkeitsgrad: Mittel

Zutaten:

- 1 Esslöffel getrocknete Enzianwurzel
- 1 Esslöffel getrocknete Artischockenblätter
- 1 Teelöffel getrocknete Kamillenblüten
- 1 Teelöffel getrocknete Pfefferminzblätter
- 1 Teelöffel Fenchelsamen
- 1/2 Teelöffel Kardamomkapseln, zerstoßen
- 500ml gefiltertes Wasser
- 1 Esslöffel Apfelessig
- 1 Teelöffel roher Honig (optional)
- Zitronenscheibe zum Servieren

Verfahren:

1. Mischen Sie in einem kleinen Topf Enzianwurzel, Artischockenblatt, Kamille, Pfefferminze, Fenchelsamen und Kardamom mit gefiltertem Wasser.
2. Bei mittlerer Hitze zum Köcheln bringen, dann die Hitze sofort auf niedrige Stufe reduzieren.
3. Abdecken und 5 Minuten leicht köcheln lassen.
4. Vom Herd nehmen und abgedeckt weitere 10 Minuten ziehen lassen.
5. Durch ein feinmaschiges Sieb in Tassen oder eine Teekanne abseihen.
6. Bei Verwendung Apfelessig und Honig hinzufügen. Umrühren, um zu vermischen.
7. Warm servieren und kurz vor dem Trinken eine Zitronenscheibe hineinpressen.
8. Die besten Ergebnisse erzielen Sie, wenn Sie 15–20 Minuten vor den Mahlzeiten nippen, um die Verdauung anzuregen.

Stickoxid-Booster aus Zuckerrüben

Zubereitungszeit: 10 Minuten | Portionen: 2 | Schwierigkeitsgrad: Einfach

Zutaten:

- 2 mittelgroße Rote Bete, geschält und geviertelt
- 1 Apfel, entkernt und geviertelt
- 1 Zitrone, geschält
- 2 cm Stück frischer Ingwer, geschält
- 1 Esslöffel Granatapfelkonzentrat
- 1/4 Teelöffel gemahlener Zimt
- 120ml gefiltertes Wasser
- 5 Eiswürfel (optional)
- Kleiner Zweig frische Minze zum Garnieren (optional)

Verfahren:

1. Rote Bete, Apfel, Zitrone und Ingwer durch einen Entsafter geben und den Saft in einem Behälter auffangen.
2. Wenn Sie keinen Entsafter haben, mischen Sie alle Zutaten in einem Hochgeschwindigkeitsmixer und seihen Sie sie anschließend durch ein feinmaschiges Sieb oder einen Nussmilchbeutel.
3. Geben Sie den Saft in einen Mixer, falls Sie nicht bereits einen verwenden.
4. Fügen Sie Granatapfelkonzentrat, Zimt, Wasser und Eis hinzu, falls Sie es verwenden.
5. 15–20 Sekunden lang mixen, bis alles gut vermischt ist.
6. In Gläser füllen und nach Belieben mit einem Minzzweig garnieren.
7. Für maximale Wirkung sofort trinken.

Hormonausgleichende Adaptogenmischung

Zubereitungszeit: 5 Minuten | Portionen: 1 | Schwierigkeitsgrad: Einfach

Zutaten:

- 240ml ungesüßte Pflanzenmilch (Mandel-, Hanf- oder Hafermilch)
- 1 Teelöffel Maca-Pulver
- 1/2 Teelöffel Ashwagandha-Pulver
- 1/4 Teelöffel gemahlener Zimt
- 1/4 Teelöffel gemahlener Kardamom
- 1 Teelöffel Kokosöl oder MCT-Öl
- 1 Teelöffel roher Honig oder Ahornsirup (optional)
- Prise Meersalz
- Schuss Vanilleextrakt (optional)

Verfahren:

1. Pflanzenmilch in einem kleinen Topf bei geringer Hitze erwärmen, bis sie kurz vor dem Köcheln steht.
2. In einen Mixer geben. Alle restlichen Zutaten hinzufügen.
3. Bei hoher Leistung 20–30 Sekunden mixen, bis die Masse schaumig ist und alles gut vermischt ist.
4. In eine Tasse gießen und warm genießen.
5. Für eine kalte Variante mit Eiswürfeln mischen oder vor dem Servieren kühl stellen.
6. Zur hormonellen Unterstützung täglich, vorzugsweise morgens, trinken.

Kollagenunterstützender Beeren-Smoothie

Zubereitungszeit: 10 Minuten | Portionen: 1 | Schwierigkeitsgrad: Einfach

Zutaten:

- 120g gemischte Beeren (Erdbeeren, Heidelbeeren, Himbeeren, Brombeeren)
- 1 Esslöffel Kollagenpeptide (ohne Geschmack)
- 120ml Knochenbrühe oder Gemüsebrühe (abgekühlt)
- 60ml Kokosmilch
- 1 Esslöffel gemahlene Leinsamen
- 1 Esslöffel rohes Kakaopulver
- 1/2 Teelöffel Zimt
- 1/2 Teelöffel Vanilleextrakt
- 5-6 Eiswürfel
- Zweig Minze oder essbare Blüten zum Garnieren (optional)

Verfahren:

1. Alle Zutaten außer Eis und Garnitur in einen Hochgeschwindigkeitsmixer geben.
2. Auf hoher Stufe etwa 45–60 Sekunden lang mixen, bis die Masse glatt und cremig ist.
3. Eiswürfel hinzufügen und erneut schaumig mixen.
4. In ein Glas gießen und nach Belieben mit Minze oder essbaren Blüten garnieren.
5. Für den maximalen Nährwert sofort verzehren.

Grüner Saft reich an Phytonährstoffen

Zubereitungszeit: 15 Minuten | Portionen: 2 | Schwierigkeit: Mittel

Zutaten:

- 2 Tassen Spinat
- 1 Tasse Grünkohl, Stängel entfernt
- 1 Gurke
- 2 Stangen Sellerie
- 1 grüner Apfel
- 1/2 Zitrone, geschält
- 1 cm Stück frischer Ingwer
- 1/2 Tasse frische Petersilie
- 1/4 Avocado
- 1 Esslöffel natives Olivenöl extra
- Prise Meersalz
- Gefiltertes Wasser nach Bedarf

Verfahren:

1. Waschen Sie alle Produkte gründlich.
2. Wenn Sie einen Entsafter verwenden: Geben Sie Spinat, Grünkohl, Gurke, Sellerie, Apfel, Zitrone, Ingwer und Petersilie in den Entsafter. Mischen Sie den Saft anschließend mit Avocado, Olivenöl und Salz.
3. Bei Verwendung eines Mixers: Alle Zutaten grob zerkleinern und mit 120 ml gefiltertem Wasser in einen Hochgeschwindigkeitsmixer geben. Mixen, bis eine glatte Masse entsteht. Wenn Sie eine glattere Konsistenz wünschen, passieren Sie die Masse durch einen Nussmilchbeutel oder ein feinmaschiges Sieb.
4. Fügen Sie bei Bedarf mehr Wasser hinzu, um die gewünschte Konsistenz zu erreichen.
5. Für den maximalen Nährwertgehalt in Gläser gießen und sofort servieren.

Antioxidatives Entspannungsmittel für den Abend

Zubereitungszeit: 10 Minuten | Ziehzeit: 10 Minuten | Portionen: 2 | Schwierigkeitsgrad: Einfach

Zutaten:

- 2 Tassen gefiltertes Wasser
- 2 Esslöffel getrocknete Kamillenblüten
- 1 Esslöffel getrocknete Lavendelblüten
- 1 Esslöffel getrocknete Zitronenmelisse
- 1 Esslöffel getrockneter Rooibos-Tee
- 1/2 Teelöffel gemahlener Zimt
- 3 ganze Nelken
- 1 Esslöffel Sauerkirschsaftkonzentrat
- 1 Teelöffel roher Honig (optional)
- Zitronenscheibe zum Garnieren

Verfahren:

1. Bringen Sie Wasser in einem kleinen Topf oder Kessel bis knapp unter den Siedepunkt.
2. Geben Sie Kamille, Lavendel, Zitronenmelisse, Rotbusch, Zimt und Nelken in eine Teekanne oder ein hitzebeständiges Gefäß.
3. Übergießen Sie die Kräuter und Gewürze mit heißem Wasser. Abdecken und 10 Minuten ziehen lassen.
4. In Tassen oder Servierbehälter abseihen.
5. Sauerkirschsaftkonzentrat und Honig (bei Verwendung) unterrühren.
6. Mit einer Zitronenscheibe garnieren.
7. Langsam trinken, am besten 30–60 Minuten vor dem Schlafengehen.

KAPITEL 12: GELEGENTLICHE LECKEREIEN OHNE REUE

Darmfreundliche dunkle Schokoladenmousse

Zubereitungszeit: 15 Minuten | Abkühlzeit: 3 Stunden | Portionen: 4 | Schwierigkeitsgrad: Mittel

Zutaten:

- 1 reife Avocado
- 1 mittelgroße Süßkartoffel, gebacken und abgekühlt (ca. 150 g Fruchtfleisch)
- 120g dunkle Schokolade (70-85% Kakao), geschmolzen und leicht abgekühlt
- 60ml Kokosmilch
- 2 Esslöffel rohes Kakaopulver
- 2 Esslöffel Ahornsirup
- 1 Esslöffel Akazienfaser
- 1 Teelöffel Vanilleextrakt
- ¼ Teelöffel Meersalz
- Frische Beeren und Minzblätter zum Garnieren (optional)

Verfahren:

1. Geben Sie Avocado und Süßkartoffel in eine Küchenmaschine. Verarbeiten Sie alles, bis es ganz glatt ist, und schaben Sie dabei bei Bedarf die Seiten ab.
2. Geschmolzene Schokolade, Kokosmilch, Kakaopulver, Ahornsirup, Akazienfaser, Vanilleextrakt und Salz hinzufügen. Verarbeiten, bis eine samtige Konsistenz erreicht ist.
3. Probieren Sie und passen Sie die Süße bei Bedarf an.
4. Verteilen Sie die Mischung auf vier kleine Servierschalen oder Auflaufförmchen.
5. Abdecken und mindestens 3 Stunden oder über Nacht in den Kühlschrank stellen.
6. Vor dem Servieren nach Belieben mit frischen Beeren und Minzblättern garnieren.

Antioxidans-Beeren-Crumble

Zubereitungszeit: 15 Minuten | Backzeit: 30 Minuten | Portionen: 6 | Schwierigkeitsgrad: Einfach

Zutaten:

- **Für die Füllung:**
- 500g gemischte Beeren (Heidelbeeren, Brombeeren, Himbeeren, Erdbeeren)
- 2 Esslöffel Zitronensaft
- 1 Esslöffel Ahornsirup
- 1 Esslöffel Pfeilwurzpulver oder Maisstärke
- 1 Teelöffel Vanilleextrakt
- ¼ Teelöffel gemahlener Zimt

- **Für den Streusel-Belag:**
- 100g Haferflocken
- 50g Mandelmehl
- 50g gehackte Walnüsse
- 3 Esslöffel Kokosöl, fest
- 2 Esslöffel Ahornsirup
- 1 Esslöffel gemahlene Leinsamen
- ½ Teelöffel gemahlener Zimt
- ¼ Teelöffel Meersalz

Verfahren:

1. Backofen auf 180 °C vorheizen.
2. Alle Zutaten für die Füllung in einer großen Schüssel vorsichtig vermengen, bis die Beeren gleichmäßig bedeckt sind. In eine 20 x 20 cm große Auflaufform geben.
3. In einer anderen Schüssel alle Zutaten für das Streusel-Topping vermischen. Mit den Fingerspitzen das Kokosöl in die trockenen Zutaten einarbeiten, bis die Mischung groben Krümeln ähnelt.
4. Die Streuselmasse gleichmäßig über die Beeren streuen.
5. 25–30 Minuten backen, bis der Beerenbelag goldbraun ist und die Beerenfüllung an den Rändern Blasen wirft.
6. Vor dem Servieren 15 Minuten abkühlen lassen. Kann warm oder bei Zimmertemperatur genossen werden.

Mit Beta-Carotin gewürzte Karottenkuchen-Häppchen

Zubereitungszeit: 20 Minuten | Backzeit: 25 Minuten | Abkühlzeit: 1 Stunde | Ergibt: 16 Bissen | Schwierigkeit: Mittel

Zutaten:

- **Für die Kuchenhäppchen:**
- 200 g geriebene Karotten (ca. 2 große Karotten)
- 100g Mandelmehl
- 50g Kokosmehl
- 50 g Haferflocken, zu Mehl gemahlen
- 2 Esslöffel gemahlene Leinsamen + 6 Esslöffel Wasser
- 60ml Ahornsirup
- 60ml Olivenöl
- 1 Teelöffel Vanilleextrakt
- 1 Teelöffel gemahlener Zimt
- ½ Teelöffel gemahlener Ingwer
- ¼ Teelöffel gemahlene Muskatnuss
- ¼ Teelöffel gemahlener Kardamom
- ¼ Teelöffel Meersalz
- ½ Teelöffel Backpulver
- **Für das Frosting:**
- 120 g Cashewkerne, über Nacht eingeweicht und abgetropft
- 2 Esslöffel Kokosöl, geschmolzen
- 2 Esslöffel Ahornsirup
- 2 Esslöffel Zitronensaft
- 1 Teelöffel Vanilleextrakt
- Prise Meersalz
- 2-3 Esslöffel Wasser, je nach Bedarf

Verfahren:

1. Den Backofen auf 170 °C vorheizen. Eine quadratische Backform (20 cm) mit Backpapier auslegen.
2. Mischen Sie gemahlene Leinsamen mit Wasser und stellen Sie es 5 Minuten lang beiseite, um ein Leinsamen-„Ei" zu erhalten.
3. Mischen Sie in einer großen Schüssel Mandelmehl, Kokosmehl, gemahlene Haferflocken, Gewürze, Salz und Backpulver.
4. In einer separaten Schüssel Leinsamenei, Ahornsirup, Olivenöl und Vanilleextrakt verquirlen.
5. Die flüssigen Zutaten zusammen mit den geriebenen Karotten zu den trockenen Zutaten geben und gut vermischen.

6. Die Mischung gleichmäßig in die vorbereitete Backform drücken.
7. 20–25 Minuten backen, bis der Teig fest ist und ein hineingesteckter Zahnstocher sauber herauskommt.
8. In der Pfanne vollständig abkühlen lassen.
9. Für den Zuckerguss alle Zutaten in einem Hochgeschwindigkeitsmixer glatt rühren.
10. Verteilen Sie die Glasur über dem abgekühlten Kuchen und stellen Sie ihn dann mindestens 1 Stunde lang in den Kühlschrank, damit er fest wird.
11. Vor dem Servieren in 16 kleine Quadrate schneiden.

Phytonährstoffreiche Obsttorte

Zubereitungszeit: 30 Minuten | Kühlzeit: 2 Stunden | Portionen: 8 | Schwierigkeit: Mittel

Zutaten:

- **Für den Teig:**
- 150g rohe Mandeln
- 100 g entkernte Datteln
- 2 Esslöffel Kokosöl
- 1 Esslöffel Wasser
- 1 Teelöffel Vanilleextrakt
- ¼ Teelöffel Meersalz
- **Für die Füllung:**
- 400 g Seidentofu, abgetropft
- 60ml Ahornsirup
- 3 Esslöffel Kokosöl, geschmolzen
- 2 Esslöffel Zitronensaft
- 1 Teelöffel Vanilleextrakt
- Prise Meersalz
- **Für den Belag:**
- 2 Kiwis, geschält und in Scheiben geschnitten
- 1 Tasse gemischte Beeren (Blaubeeren, Erdbeeren, Himbeeren)
- 1 Nektarine oder Pfirsich, in Scheiben geschnitten
- ½ Mango, in Scheiben geschnitten
- Frische Minzblätter zum Garnieren
- 2 Esslöffel Aprikosenmarmelade, erwärmt (Glasur optional)

Verfahren:

1. Für den Teig die Mandeln in einer Küchenmaschine fein mahlen. Die restlichen Teigzutaten hinzufügen und verarbeiten, bis die Mischung beim Pressen zusammenhält.
2. Drücken Sie die Mischung fest auf den Boden und an die Seiten einer 23 cm großen Tarteform mit abnehmbarem Boden. Kühlen Sie sie, während Sie die Füllung zubereiten.
3. Für die Füllung alle Zutaten in einem Hochgeschwindigkeitsmixer pürieren, bis eine glatte Masse entsteht.
4. Gießen Sie die Füllung in den gekühlten Boden und glätten Sie die Oberfläche.
5. Mindestens 2 Stunden oder über Nacht im Kühlschrank aufbewahren, bis es fest ist.
6. Vor dem Servieren die geschnittenen Früchte dekorativ auf der Torte verteilen.
7. Wenn Sie die Glasur verwenden, bestreichen Sie die Früchte vorsichtig mit erwärmter Aprikosenmarmelade, um ihnen Glanz zu verleihen und die Frische zu bewahren.
8. Mit frischen Minzblättern garnieren.
9. Aus der Tarteform nehmen und gekühlt servieren.

Präbiotische Ballaststoffkekse

Zubereitungszeit: 15 Minuten | Backzeit: 12-15 Minuten | Ergibt: 18 Kekse | Schwierigkeit: Einfach

Zutaten:

- 100g Haferflocken
- 100g Mandelmehl
- 2 Esslöffel Akazienfaser
- 2 Esslöffel gemahlene Leinsamen
- 1 Esslöffel Inulinpulver
- ½ Teelöffel Backpulver
- ½ Teelöffel gemahlener Zimt
- ¼ Teelöffel Meersalz
- 60ml Olivenöl oder geschmolzenes Kokosöl
- 60ml Ahornsirup
- 1 Esslöffel Mandelbutter
- 1 Teelöffel Vanilleextrakt
- 50 g dunkle Schokoladenstückchen (70 % Kakao oder mehr)
- 50g getrocknete Cranberries
- 50g gehackte Walnüsse

Verfahren:

1. Den Backofen auf 170°C vorheizen. Ein Backblech mit Backpapier auslegen.
2. Mischen Sie in einer großen Schüssel Hafer, Mandelmehl, Akazienfasern, Leinsamen, Inulinpulver, Backpulver, Zimt und Salz.
3. In einer separaten Schüssel Öl, Ahornsirup, Mandelbutter und Vanilleextrakt verquirlen.
4. Die flüssigen Zutaten zu den trockenen Zutaten geben und gut verrühren.
5. Schokoladenstückchen, getrocknete Cranberries und Walnüsse unterheben.
6. Lassen Sie den Teig 5 Minuten ruhen, damit er Feuchtigkeit aufnehmen kann.
7. Geben Sie gehäufte Esslöffel Teig mit einem Abstand von etwa 5 cm auf das vorbereitete Backblech.
8. Drücken Sie jeden Keks vorsichtig mit Ihrer Handfläche flach.
9. 12–15 Minuten backen, bis die Ränder goldbraun, die Mitte aber noch weich ist.
10. 5 Minuten auf dem Backblech abkühlen lassen, bevor Sie es zum vollständigen Abkühlen auf ein Kuchengitter legen.
11. In einem luftdichten Behälter bis zu 5 Tage aufbewahren.

Entzündungshemmende Goldene Milch-Eis am Stiel

Zubereitungszeit: 15 Minuten | Gefrierzeit: 6 Stunden | Ergibt: 8 Eis am Stiel | Schwierigkeit: Einfach

Zutaten:

- 400ml Kokosmilch
- 2 Esslöffel roher Honig oder Ahornsirup
- 1 Esslöffel gemahlener Kurkuma
- 1 Teelöffel gemahlener Zimt
- 1 Teelöffel gemahlener Ingwer
- ¼ Teelöffel gemahlener Kardamom
- ¼ Teelöffel gemahlener schwarzer Pfeffer
- Prise Meersalz
- 1 Teelöffel Vanilleextrakt
- 2 Esslöffel Kokosöl, geschmolzen
- 2 Esslöffel Hanfsamen (optional)

Verfahren:

1. In einem kleinen Topf bei mittlerer Hitze Kokosmilch, Honig oder Ahornsirup, Kurkuma, Zimt, Ingwer, Kardamom, schwarzen Pfeffer und Salz verquirlen.
2. Leicht zum Köcheln bringen, dann die Hitze reduzieren und 5 Minuten unter gelegentlichem Rühren kochen.
3. Vom Herd nehmen und Vanilleextrakt und geschmolzenes Kokosöl einrühren.
4. Lassen Sie die Mischung auf Raumtemperatur abkühlen.
5. Wenn Sie Hanfsamen verwenden, rühren Sie diese in die abgekühlte Mischung ein.
6. In Eisformen füllen, Stiele hineinstecken und für mindestens 6 Stunden oder über Nacht einfrieren.
7. Um die Eis am Stiel herauszunehmen, halten Sie die Formen kurz unter warmes Wasser.

In Rotwein pochierte Birnen mit Polyphenolen

Zubereitungszeit: 10 Minuten | Kochzeit: 25 Minuten | Portionen: 4 | Schwierigkeitsgrad: Mittel

Zutaten:

- 4 feste Birnen (Bosc oder Anjou eignen sich gut)
- 750 ml Flasche trockener Rotwein (z. B. Pinot Noir oder Merlot)
- 120ml Wasser
- 60ml Ahornsirup
- 1 Vanilleschote, längs aufgeschnitten, oder 1 Teelöffel Vanilleextrakt
- 2 Zimtstangen
- 4 ganze Nelken
- 2 Sternanis
- 1 Streifen Orangenschale
- 100 g griechischer Joghurt (optional, zum Servieren)
- 2 Esslöffel gehackte Pistazien (optional, zum Garnieren)

Verfahren:

1. Schälen Sie die Birnen, lassen Sie dabei den Stiel intakt. Schneiden Sie von der Unterseite jeder Birne eine kleine Scheibe ab, sodass die Birne aufrecht steht.
2. Mischen Sie in einem großen Topf, in den alle Birnen bequem hineinpassen, Wein, Wasser, Ahornsirup, Vanilleschote, Zimtstangen, Nelken, Sternanis und Orangenschale.
3. Flüssigkeit bei mittlerer Hitze zum Köcheln bringen.
4. Legen Sie die Birnen vorsichtig aufrecht in die Flüssigkeit. Wenn sie nicht vollständig eingetaucht sind, drehen Sie sie während des Kochens gelegentlich um.
5. Reduzieren Sie die Hitze auf niedrige Stufe, decken Sie den Topf teilweise ab und lassen Sie das Ganze 20–25 Minuten leicht köcheln, bis die Birnen beim Einstechen mit einem Messer weich sind, aber noch ihre Form behalten.
6. Nehmen Sie die Birnen vorsichtig mit einem Schaumlöffel heraus und legen Sie sie in Servierschalen.
7. Erhöhen Sie die Hitze und lassen Sie die Pochierflüssigkeit etwa 15 Minuten lang kochen, bis sie auf die Hälfte reduziert ist.
8. Die reduzierte Flüssigkeit abseihen und etwas abkühlen lassen.
9. Servieren Sie die Birnen mit der reduzierten Pochierflüssigkeit beträufelt, einem Klecks griechischem Joghurt (sofern verwendet) und einer Prise gehackter Pistazien.

Hormonunterstützendes Saatkrokant

Zubereitungszeit: 10 Minuten | Kochzeit: 15 Minuten | Abkühlzeit: 30 Minuten | Ergibt: ca. 20 Stücke | Schwierigkeit: Mittel

Zutaten:

- 100g Kürbiskerne
- 100g Sonnenblumenkerne
- 50g Sesamsamen
- 50g Leinsamen
- 2 Esslöffel Hanfsamen
- 120ml Ahornsirup
- 2 Esslöffel Kokosöl
- 1 Teelöffel Vanilleextrakt
- ½ Teelöffel Meersalz
- ½ Teelöffel gemahlener Zimt
- ¼ Teelöffel gemahlener Kardamom
- Prise Cayennepfeffer (optional)

Verfahren:

1. Den Backofen auf 160°C vorheizen. Ein Backblech mit Backpapier auslegen.
2. Geben Sie alle Samen in eine große Schüssel und vermischen Sie sie gut.
3. In einem kleinen Topf Ahornsirup und Kokosöl bei mittlerer Hitze unter gelegentlichem Rühren erhitzen, bis es zu blubbern beginnt (ca. 2–3 Minuten).
4. Vom Herd nehmen und Vanilleextrakt, Salz, Zimt, Kardamom und Cayennepfeffer (bei Verwendung) unterrühren.
5. Gießen Sie die Sirupmischung über die Samen und rühren Sie schnell um, bis alle Samen gut bedeckt sind.
6. Verteilen Sie die Mischung in einer dünnen, gleichmäßigen Schicht von etwa 0,5 cm Dicke auf dem vorbereiteten Backblech.
7. 15 Minuten backen, bis es goldbraun ist.
8. Aus dem Ofen nehmen und auf dem Backblech vollständig abkühlen lassen, etwa 30 Minuten.
9. Nach dem Abkühlen und Aushärten in Stücke brechen.
10. In einem luftdichten Behälter bis zu 2 Wochen aufbewahren.

Mikrobiombewusster Frozen Yogurt

Zubereitungszeit: 15 Minuten | Gefrierzeit: 4 Stunden | Portionen: 6 | Schwierigkeitsgrad: Mittel

Zutaten:

- 500 g griechischer Joghurt mit vollem Fettgehalt
- 200g gefrorene gemischte Beeren, leicht aufgetaut
- 3 Esslöffel roher Honig
- 1 Esslöffel Zitronensaft
- 1 Teelöffel Vanilleextrakt
- 2 Esslöffel Akazienfaser
- 1 Esslöffel Inulinpulver
- Prise Meersalz
- **Zum Servieren (optional):**
- Frische Beeren
- Gehackte Nüsse
- Dunkle Schokoladenraspeln

Verfahren:

1. Die gemischten Beeren in einem Mixer pürieren, bis eine glatte Masse entsteht.
2. In einer großen Schüssel griechischen Joghurt, Beerenpüree, Honig, Zitronensaft, Vanilleextrakt, Akazienfaser, Inulinpulver und Salz vermischen. Verquirlen, bis eine glatte Masse entsteht.
3. Wenn Sie eine Eismaschine haben: Gießen Sie die Mischung in die Eismaschine und rühren Sie sie gemäß den Anweisungen des Herstellers, bis sie eine Softeis-Konsistenz erreicht (ca. 20–25 Minuten).
4. Wenn Sie keine Eismaschine haben: Gießen Sie die Mischung in einen flachen, gefrierfesten Behälter. Lassen Sie ihn 45 Minuten lang einfrieren, nehmen Sie ihn dann heraus und rühren Sie kräftig um, um alle Eiskristalle aufzubrechen. Legen Sie ihn wieder in den Gefrierschrank und wiederholen Sie diesen Vorgang 2–3 Stunden lang alle 30 Minuten.
5. In einen luftdichten Behälter umfüllen und für mindestens weitere 2 Stunden einfrieren, bis es fest ist.
6. Vor dem Servieren 5–10 Minuten bei Raumtemperatur stehen lassen, damit es etwas weicher wird.
7. Nach Belieben mit optionalen Belägen servieren.

Hautfreundliche Avocado-Schokoladentrüffel

Zubereitungszeit: 20 Minuten | Kühlzeit: 2 Stunden | Ergibt: 16 Trüffel | Schwierigkeit: Einfach

Zutaten:

- 1 reife Avocado, entkernt und geschält
- 150g dunkle Schokolade (70-85% Kakao), geschmolzen und leicht abgekühlt
- 2 Esslöffel rohes Kakaopulver, plus etwas mehr zum Überziehen
- 2 Esslöffel Ahornsirup
- 1 Teelöffel Vanilleextrakt
- Prise Meersalz
- **Optionale Beschichtungen:**
- Fein gehackte Pistazien
- Kokosraspeln
- Kakaonibs

Verfahren:

1. Geben Sie die Avocado in eine Küchenmaschine und mixen Sie, bis sie vollkommen glatt ist.
2. Geschmolzene Schokolade, Kakaopulver, Ahornsirup, Vanilleextrakt und Salz hinzufügen. Verarbeiten, bis die Mischung samtig ist und keine grünen Flecken mehr vorhanden sind.
3. In eine Schüssel geben und 1 Stunde lang kühl stellen, bis es fest genug zum Anfassen ist.
4. Legen Sie ein Tablett mit Backpapier aus.
5. Portionieren Sie die Mischung mit einem Teelöffel oder einem kleinen Keksausstecher und rollen Sie mit sauberen Händen 16 Kugeln.
6. Legen Sie die Kugeln auf das vorbereitete Tablett und stellen Sie sie 15 Minuten lang in den Kühlschrank, damit sie fest werden.
7. Geben Sie die von Ihnen gewählte(n) Umhüllung(en) in kleine Schüsseln. Rollen Sie jeden Trüffel darin, bis er vollständig bedeckt ist.
8. Vor dem Servieren mindestens 30 Minuten lang in den Kühlschrank stellen.
9. In einem luftdichten Behälter bis zu 4 Tage im Kühlschrank aufbewahren.

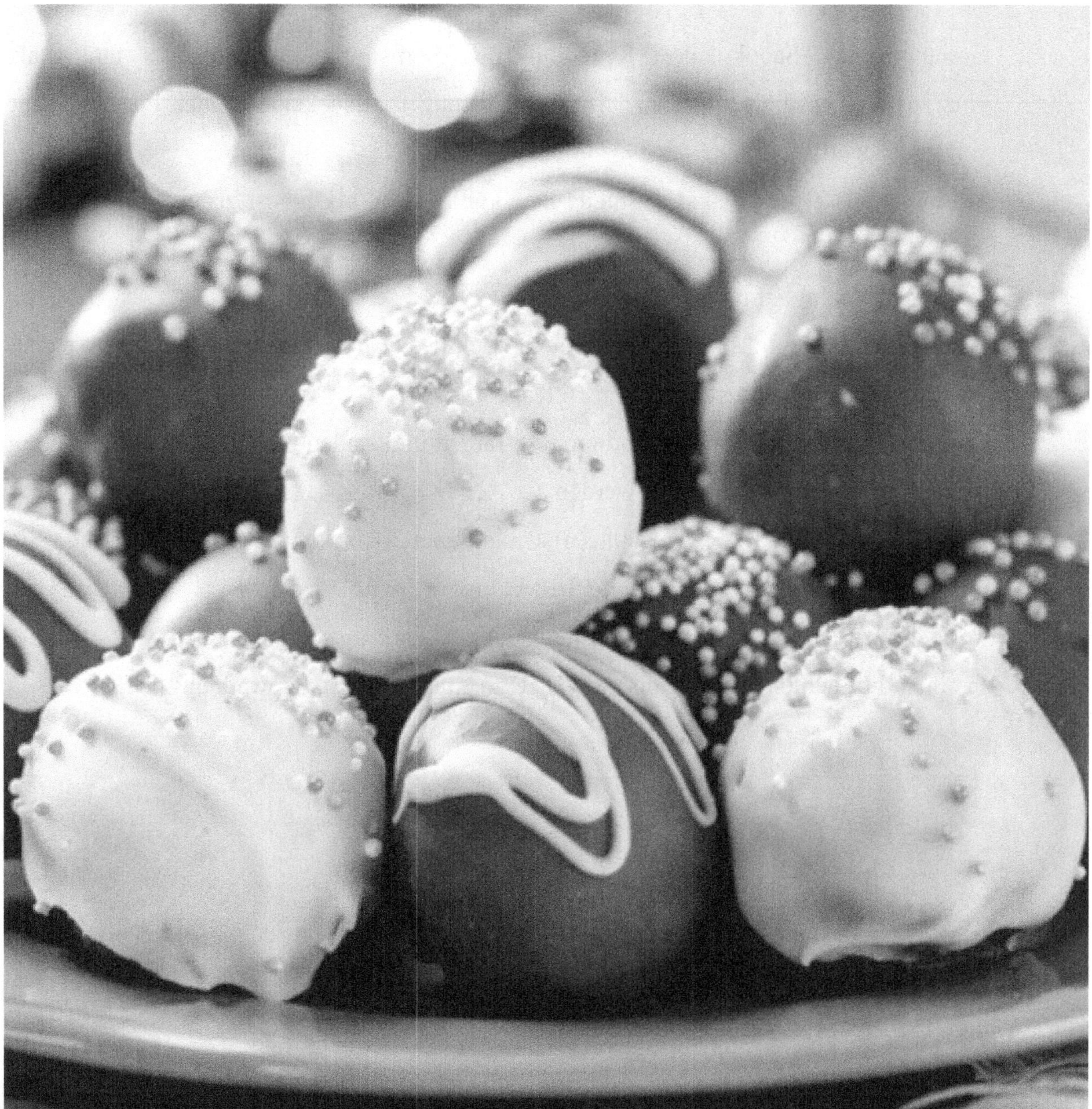

KAPITEL 13: SCHÖNHEITSFÖRDERNDE MAHLZEITEN-TOPPER

Hautunterstützendes Samenstreusel

Zubereitungszeit: 15 Minuten | Kochzeit: 10 Minuten | Ergibt: 300 g | Schwierigkeitsgrad: Einfach

Zutaten:

- 100g Kürbiskerne
- 50g Sonnenblumenkerne
- 30g Sesamsamen
- 30g Leinsamen
- 20g Hanfsamen
- 2 Esslöffel Nährhefe
- 1 Teelöffel gemahlener Kurkuma
- ½ Teelöffel gemahlener Zimt
- ½ Teelöffel Meersalz
- ¼ Teelöffel schwarzer Pfeffer
- 1 Esslöffel natives Olivenöl extra
- 1 Esslöffel Tamari oder Sojasauce

Verfahren:

1. Den Backofen auf 160°C vorheizen. Ein Backblech mit Backpapier auslegen.
2. Mischen Sie in einer großen Schüssel alle Samen, Nährhefe, Kurkuma, Zimt, Salz und Pfeffer.
3. Mit Olivenöl und Tamari beträufeln. Vermischen, bis alle Samen gut bedeckt sind.
4. Verteilen Sie die Samenmischung in einer dünnen Schicht auf dem vorbereiteten Backblech.
5. 8–10 Minuten backen, dabei nach der Hälfte der Zeit umrühren, bis es duftet und leicht geröstet ist. Gut aufpassen, damit nichts anbrennt.
6. Aus dem Ofen nehmen und vollständig abkühlen lassen.
7. Nach dem Abkühlen kurz in einer Küchenmaschine oder Gewürzmühle pulsieren lassen, um einige Samen zu zerkleinern und andere für die Konsistenz ganz zu lassen.
8. In einem luftdichten Behälter bei Raumtemperatur bis zu 2 Wochen aufbewahren oder für eine längere Lagerung im Kühlschrank lagern.
9. Streuen Sie 1–2 Esslöffel auf Salate, Suppen, Joghurt, geröstetes Gemüse oder Getreideschalen.

Antioxidatives Kräuteröl

Zubereitungszeit: 15 Minuten | Ziehzeit: 2 Wochen | Ergibt: 500 ml | Schwierigkeit: Einfach

Zutaten:

- 500 ml natives Olivenöl extra
- 30g frischer Rosmarin
- 20g frischer Thymian
- 15g frischer Salbei
- 10g frischer Oregano
- 5 Knoblauchzehen, geschält und leicht zerdrückt
- 1 Esslöffel schwarze Pfefferkörner
- 1 Esslöffel Zitronenschale
- 2 Lorbeerblätter

Verfahren:

1. Kräuter gründlich waschen und vollständig trockentupfen. Jegliche Feuchtigkeit kann zum Verderben des Öls führen.
2. Kräuterblätter von holzigen Stielen abtrennen. Blätter grob hacken.
3. Sterilisieren Sie eine große Glasflasche oder ein Glas, indem Sie es mit heißem Seifenwasser waschen, gründlich ausspülen und vollständig trocknen.
4. Geben Sie alle Kräuter, Knoblauch, Pfefferkörner, Zitronenschale und Lorbeerblätter in das Glas.
5. Olivenöl in einem Topf erhitzen, bis es warm, aber nicht heiß ist (ca. 40°C). Über die Kräuter gießen.
6. Verschließen Sie das Glas fest und schütteln Sie es vorsichtig, um die Zutaten zu vermischen.
7. An einem kühlen, dunklen Ort 2 Wochen lang aufbewahren und das Glas alle paar Tage leicht schütteln.
8. Nach 2 Wochen das Öl durch ein feinmaschiges Sieb oder ein Käsetuch in eine saubere, sterilisierte Flasche abseihen.
9. Mit dem Datum beschriften und bis zu 3 Monate an einem kühlen, dunklen Ort aufbewahren.
10. Verwenden Sie es als Finishing-Öl für Suppen, Salate, Getreidegerichte oder Gemüse.

Präbiotische Gewürzmischung

Zubereitungszeit: 10 Minuten | Ergibt: 100 g | Schwierigkeitsgrad: Einfach

Zutaten:

- 2 Esslöffel gemahlener Zimt
- 2 Esslöffel gemahlener Ingwer
- 1 Esslöffel gemahlener Kurkuma
- 1 Esslöffel gemahlener Kardamom
- 1 Esslöffel gemahlene Fenchelsamen
- 2 Teelöffel gemahlener schwarzer Pfeffer
- 1 Teelöffel gemahlene Nelken
- 1 Teelöffel gemahlene Muskatnuss
- 3 Esslöffel Inulinpulver
- 2 Esslöffel Akazienfaser
- 1 Esslöffel gemahlene getrocknete Orangenschale

Verfahren:

1. Stellen Sie sicher, dass alle Kräuter und Gewürze frisch und aromatisch sind, um maximalen Geschmack und gesundheitlichen Nutzen zu erzielen.
2. Alle Zutaten in einer Schüssel zusammengeben und gründlich verrühren.
3. In ein sauberes, trockenes Gewürzglas oder einen luftdichten Behälter umfüllen.
4. An einem kühlen, dunklen Ort bis zu 3 Monate lagern.
5. Verwenden Sie 1–2 Teelöffel in warmen Getränken, Joghurt, Haferbrei, Smoothies oder Backwaren.
6. Die besten Ergebnisse erzielen Sie, wenn Sie es nach dem Kochen hinzufügen, um hitzeempfindliche Verbindungen zu konservieren.

Bittergrün-Pesto

Zubereitungszeit: 15 Minuten | Ergibt: 250 g | Schwierigkeitsgrad: Einfach

Zutaten:

- 50g Löwenzahnblätter
- 50g Rucola
- 30g frisches Basilikum
- 20 g frische Petersilie
- 50 g Walnüsse, leicht geröstet
- 30g Kürbiskerne, leicht geröstet
- 2 Knoblauchzehen
- 60 ml natives Olivenöl extra
- 2 Esslöffel Zitronensaft
- 1 Esslöffel Nährhefe
- ½ Teelöffel Meersalz
- ¼ Teelöffel schwarzer Pfeffer

Verfahren:

1. Das gesamte Grün gründlich waschen und mit sauberen Küchentüchern trocken tupfen.
2. Geben Sie Walnüsse, Kürbiskerne und Knoblauch in eine Küchenmaschine und mixen Sie alles grob zerkleinert.
3. Löwenzahnblätter, Rucola, Basilikum und Petersilie hinzufügen und grob zerkleinern.
4. Bei laufendem Mixer langsam Olivenöl und Zitronensaft einfließen lassen, bis die gewünschte Konsistenz erreicht ist.
5. Nährhefe, Salz und Pfeffer hinzufügen. Kurz pulsieren lassen, um zu vermischen.
6. Probieren Sie und passen Sie die Würze bei Bedarf an.
7. In ein Glas füllen, mit einer dünnen Schicht Olivenöl bedecken und bis zu einer Woche im Kühlschrank aufbewahren.
8. Verwenden Sie es als Brotaufstrich auf Vollkornbrot, als Sauce zu Nudeln oder als Belag für gegrilltes Gemüse, Fisch oder Geflügel.

Mikronährstoffreicher Salat-Booster

Zubereitungszeit: 25 Minuten | Dehydrierungszeit: 8-12 Stunden | Ertrag: 100 g | Schwierigkeit: Mittel

Zutaten:

- 30 g Grünkohl, Stängel entfernt
- 30g Spinat
- 20 g frische Petersilie
- 10 g Lappentang oder Nori-Algen
- 2 Esslöffel Nährhefe
- 1 Esslöffel Sesamsamen
- 1 Esslöffel Hanfsamen
- 1 Esslöffel Chiasamen
- 1 Teelöffel Kelp-Pulver
- ½ Teelöffel Knoblauchpulver
- ½ Teelöffel Zwiebelpulver
- ¼ Teelöffel Meersalz

Verfahren:

1. Das Grünzeug gründlich waschen und in einer Salatschleuder trockenschleudern. Dabei möglichst viel Feuchtigkeit entfernen.
2. Legen Sie Gemüse und Kräuter auf Dörrtabletts oder, wenn Sie einen Ofen verwenden, auf Backbleche.
3. Bei 50 °C 4–6 Stunden lang trocknen, bis es vollständig trocken und knusprig ist.
4. Wenn Sie einen Backofen verwenden, wählen Sie die niedrigste Einstellung (normalerweise etwa 65–80 °C) und lassen Sie die Tür leicht geöffnet. Kontrollieren Sie häufig, ob etwas anbrennt.
5. Sobald das Grün trocken ist, geben Sie es mit allen restlichen Zutaten in eine Küchenmaschine.
6. Pulsieren, bis ein feines Pulver entsteht.
7. In einem luftdichten Behälter an einem kühlen, dunklen Ort bis zu 3 Monate aufbewahren.
8. Streuen Sie 1–2 Teelöffel über Salate, Suppen, Getreideschalen, Avocado-Toast oder Rührei.

Lycopin-Tomatenkonzentrat

Zubereitungszeit: 20 Minuten | Kochzeit: 3-4 Stunden | Ergibt: ca. 250 ml | Schwierigkeit: Mittel

Zutaten:

- 2 kg reife Tomaten, vorzugsweise Roma- oder Pflaumensorten
- 2 Esslöffel Olivenöl
- 1 Teelöffel Meersalz
- ½ Teelöffel getrockneter Oregano
- ½ Teelöffel getrocknetes Basilikum
- ¼ Teelöffel schwarzer Pfeffer
- 1 Lorbeerblatt
- 1 Esslöffel Balsamico-Essig

Verfahren:

1. Backofen auf 150 °C vorheizen.
2. Tomaten waschen und vierteln. Für ein feineres Konzentrat ggf. die Kerne entfernen.
3. Geben Sie die Tomaten mit Olivenöl, Salz, Kräutern und Lorbeerblatt in einen großen Topf mit dickem Boden.
4. Bei mittlerer Hitze zum Köcheln bringen und dabei gelegentlich umrühren.
5. Reduzieren Sie die Hitze auf niedrige Stufe und lassen Sie das Ganze 1 Stunde lang ohne Deckel unter gelegentlichem Umrühren weiter köcheln.
6. Lorbeerblatt entfernen. Tomaten mit einem Stabmixer fein pürieren.
7. Geben Sie das Tomatenmark auf ein mit Backpapier ausgelegtes Backblech und verteilen Sie es etwa 1 cm dick.
8. In den Ofen geben und unter gelegentlichem Umrühren 2–3 Stunden backen, bis eine dicke Paste entsteht.
9. Balsamico-Essig unterrühren.
10. In sterilisierten Gläsern mit einer dünnen Schicht Olivenöl aufbewahren. Bis zu 3 Wochen im Kühlschrank aufbewahren oder für längere Lagerung in Eiswürfelbehältern einfrieren.
11. Verwenden Sie 1 Esslöffel in Suppen, Eintöpfen, Saucen oder als Aufstrich auf Vollkornbrot.

Schwefelreicher Knoblauch- und Kräuterguss

Zubereitungszeit: 15 Minuten | Ergibt: 200 ml | Schwierigkeit: Einfach

Zutaten:

- 8 Knoblauchzehen, geschält
- 30g frische Petersilie
- 15g frischer Schnittlauch
- 10g frische Thymianblätter
- 5g frische Rosmarinblätter
- 180 ml natives Olivenöl extra
- 2 Esslöffel frischer Zitronensaft
- 1 Esslöffel Apfelessig
- ½ Teelöffel Meersalz
- ¼ Teelöffel schwarzer Pfeffer
- ¼ Teelöffel rote Pfefferflocken (optional)

Verfahren:

1. Knoblauchzehen 30 Sekunden in kochendem Wasser blanchieren, dann abtropfen lassen und trockentupfen. Dadurch wird der rohe Knoblauchgeschmack milder.
2. Geben Sie Knoblauch, alle Kräuter, Salz, Pfeffer und ggf. rote Pfefferflocken in eine Küchenmaschine. Mixen Sie alles, bis es fein gehackt ist.
3. Bei laufendem Prozessor langsam Olivenöl hinzuträufeln, bis eine Emulsion entsteht.
4. Zitronensaft und Apfelessig hinzufügen. Kurz pulsieren lassen, um zu vermischen.
5. In ein Glasgefäß umfüllen und bis zu 1 Woche im Kühlschrank aufbewahren.
6. Vor Gebrauch auf Raumtemperatur bringen und gut schütteln.
7. Beträufeln Sie gegrilltes Gemüse, Bratkartoffeln, gekochtes Getreide, Fisch oder Geflügel.

Mit Polyphenolen angereicherte Beerensauce

Zubereitungszeit: 15 Minuten | Kochzeit: 15 Minuten | Ergibt: 300 ml | Schwierigkeit: Einfach

Zutaten:

- 300g gemischte Beeren (Heidelbeeren, Brombeeren, Himbeeren, Erdbeeren)
- 2 Esslöffel Wasser
- 1 Esslöffel Chiasamen
- 1 Esslöffel Ahornsirup (optional)
- 1 Esslöffel Zitronensaft
- 1 Teelöffel Vanilleextrakt
- ¼ Teelöffel gemahlener Zimt
- Prise Meersalz

Verfahren:

1. Wenn Sie Erdbeeren verwenden, entfernen Sie die Stiele und vierteln Sie sie. Lassen Sie die anderen Beeren ganz.
2. Beeren und Wasser in einen Topf geben und bei mittlerer Hitze zum Köcheln bringen.
3. Reduzieren Sie die Hitze auf niedrige Stufe und lassen Sie das Ganze 5–8 Minuten unter gelegentlichem Umrühren kochen, bis die Beeren zu zerfallen beginnen.
4. Zerdrücken Sie einige Beeren mit der Rückseite eines Löffels und lassen Sie einige ganz, um die Konsistenz zu verbessern.
5. Vom Herd nehmen und Chiasamen, Ahornsirup (sofern verwendet), Zitronensaft, Vanille, Zimt und Salz unterrühren.
6. 10 Minuten abkühlen lassen. Die Soße wird dicker, da die Chiasamen Flüssigkeit aufnehmen.
7. In ein Glasgefäß umfüllen und bis zu 1 Woche im Kühlschrank aufbewahren.
8. Verwenden Sie es als Topping für Joghurt, Haferbrei, Pfannkuchen, ungesüßten Vollkorntoast oder als Dip für Apfelscheiben.

Grüne Chlorophyll-Sauce

Zubereitungszeit: 15 Minuten | Ergibt: 200 ml | Schwierigkeit: Einfach

Zutaten:

- 60g frische Petersilie
- 60 g frischer Koriander
- 30g frische Minze
- 2 Esslöffel frischer Estragon
- 1 grüne Jalapeño, entkernt (optional)
- 2 Knoblauchzehen
- 1 kleine Schalotte
- 60 ml natives Olivenöl extra
- 2 Esslöffel Apfelessig
- 1 Esslöffel Wasser
- 1 Esslöffel Zitronensaft
- ½ Teelöffel Meersalz
- ¼ Teelöffel schwarzer Pfeffer

Verfahren:

1. Kräuter gründlich waschen und trocken tupfen.
2. Geben Sie alle Zutaten in eine Küchenmaschine oder einen Mixer.
3. Verarbeiten Sie es, bis es glatt ist. Unterbrechen Sie es bei Bedarf, um die Seiten abzukratzen.
4. Für eine dünnere Soße geben Sie teelöffelweise zusätzliches Wasser hinzu.
5. Abschmecken und bei Bedarf nachwürzen.
6. In ein Glasgefäß umfüllen und bis zu 5 Tage im Kühlschrank aufbewahren.
7. Verwenden Sie es als Sauce für gegrillte Proteine, gebratenes Gemüse, Getreideschalen oder als Dip für Rohkost.

Kollagenunterstützender Knochenstaub

Vorbereitungszeit: 10 Minuten | Kochzeit: 12-24 Stunden | Dehydrierungszeit: 8-12 Stunden | Ertrag: 100 g | Schwierigkeit: Fortgeschritten

Zutaten:

- 2 kg Rind-, Hühner- oder gemischte Knochen (Haxen, Gelenke, Markknochen)
- 2 Esslöffel Apfelessig
- 1 Zwiebel, geviertelt
- 2 Karotten, grob gehackt
- 2 Selleriestangen, grob gehackt
- 2 Lorbeerblätter
- 1 Esslöffel schwarze Pfefferkörner
- Meersalz nach Geschmack
- 2 Esslöffel getrockneter Rosmarin
- 2 Esslöffel getrockneter Thymian

Verfahren:

1. Wenn Sie rohe Knochen verwenden, rösten Sie diese für ein besseres Aroma 30 Minuten lang bei 200 °C, bis sie braun sind.
2. Legen Sie die Knochen in einen großen Suppentopf oder Slow Cooker. Fügen Sie Apfelessig hinzu und bedecken Sie alles mit Wasser.
3. 30 Minuten ruhen lassen, um die Mineralien aus den Knochen zu lösen.
4. Gemüse, Lorbeerblätter und Pfefferkörner hinzufügen. Zum Köcheln bringen.
5. Bei schwacher Hitze 12–24 Stunden köcheln lassen und dabei gelegentlich den Schaum von der Oberfläche abschöpfen.
6. Die Brühe durch ein feinmaschiges Sieb gießen.
7. Geben Sie die Flüssigkeit zurück in den Topf und lassen Sie sie köcheln, bis sie um etwa 75 % reduziert ist und die Nährstoffe konzentriert sind.
8. Mit Salz würzen und getrocknete Kräuter unterrühren.
9. Gießen Sie die reduzierte Brühe auf mit Backpapier ausgelegte Dörrtabletts oder Backbleche.
10. Bei 65 °C dehydrieren, bis es völlig trocken und spröde ist, etwa 8–12 Stunden.
11. Die getrocknete Brühe in Stücke brechen und mit einer Gewürzmühle oder Küchenmaschine zu einem feinen Pulver mahlen.

12. In einem luftdichten Behälter an einem kühlen, trockenen Ort bis zu 6 Monate aufbewahren.
13. Geben Sie 1–2 Teelöffel als Geschmacks- und Nährstoffverstärker zu Suppen, Eintöpfen, Saucen oder Gemüsegerichten hinzu.

Create Healthy Habits

KAPITEL 14: SAISONALE MAHLZEITPLANUNG FÜR OPTIMALE GESUNDHEIT

In diesem Buch haben wir nach Dr. Adlers Ansatz die starke Beziehung zwischen Ernährung und Zellgesundheit untersucht. Nun ist es an der Zeit, diese Prinzipien in einen praktischen Rahmen zu integrieren, der etwas würdigt, was unsere Vorfahren intuitiv verstanden haben: Essen im Einklang mit den Jahreszeiten. Dieser Ansatz maximiert nicht nur den Nährwert, sondern unterstützt auch eine nachhaltige Landwirtschaft und verbindet uns wieder mit natürlichen Kreisläufen.

In Deutschland, wo es vier Jahreszeiten gibt, versorgt uns die Natur zu jeder Jahreszeit mit genau dem, was unser Körper braucht. Das ist kein Zufall, sondern eine wunderbare Synchronizität, die die moderne Ernährungswissenschaft inzwischen bestätigt. Wenn wir uns saisonal ernähren, nehmen wir das ganze Jahr über natürlich ein vielfältiges Spektrum an Nährstoffen zu uns und unterstützen so die sich ändernden Bedürfnisse unseres Körpers bei sich ändernden äußeren Bedingungen.

LEBENSMITTEL FÜR DEN FRÜHJAHRSPUTZ

Nach der Schwere des Winters bringt der Frühling die ersten Anzeichen der Erneuerung der Natur mit sich – und mit ihm eine Fülle reinigender Lebensmittel, die die natürlichen Entgiftungsprozesse des Körpers unterstützen. Diese früh wachsenden Pflanzen entsprechen perfekt unserem physiologischen Bedürfnis, die Ansammlungen des Winters loszuwerden und uns auf erhöhte Aktivität vorzubereiten.

Frühlingsgemüse wie Löwenzahn, Brennnessel und Brunnenkresse enthalten Verbindungen, die die Leber- und Nierenfunktion stimulieren. Dr. Adler hebt diese bitteren Grünpflanzen aufgrund ihrer Fähigkeit hervor, die Gallenproduktion zu steigern und die Entgiftungsprozesse der Leber zu unterstützen. Ihre natürliche Bitterkeit, die aus vielen modernen Lebensmitteln herausgezüchtet wurde, dient als Hinweis auf ihre medizinischen Eigenschaften.

Im Frühling wachsende Wildkräuter wie Bärlauch und Giersch enthalten starke Schwefelverbindungen, die die Entgiftung der Leber in Phase 2 unterstützen. Diese wilden Lebensmittel sind im Vergleich zu ihren kultivierten Gegenstücken wahre Nährstoffbomben und enthalten oft den drei- bis zehnfachen Mineralgehalt. Ein Wildkräuterpesto aus diesen Frühlingsschätzen verleiht Frühlingsgerichten sowohl Geschmack als auch therapeutischen Wert.

Im Frühling blühen auch die ersten Radieschen, die Isothiocyanate enthalten, die Entgiftungsenzyme aktivieren. Spargel (weißer Spargel), eine beliebte deutsche Frühlingstradition, liefert Glutathion-Vorstufen, die das Hauptantioxidantiensystem des Körpers unterstützen und gleichzeitig als natürliches Diuretikum wirken, um die im Winter angesammelten Stoffe auszuspülen.

Um einen auf den Frühling ausgerichteten Ernährungsplan zu erstellen, strukturieren Sie Ihre Mahlzeiten um diese reinigenden Lebensmittel herum. Beginnen Sie den Tag mit einem einfachen Kräutertee aus frischen Frühlingskräutern. Anschließend gibt es ein Frühstück mit Sprossen oder Microgreens, die die Lebensenergie der Pflanzen bündeln. Machen Sie zum Mittag- und Abendessen saisonales Grün zur Grundlage, kombiniert mit leichten Proteinen und kleinen Mengen Vollkorn. Würzen Sie es mit Zitronensaft und Olivenöl, um die Mineralaufnahme zu verbessern.

Der Frühling ist auch eine ideale Zeit für sanfte Fastenpraktiken, wie Dr. Adler erläutert. Dazu können eine 5-tägige Fasten-ähnliche Diät (mit etwa 800 pflanzlichen Kalorien täglich) oder intermittierende Fastenmuster gehören. Diese Praktiken entsprechen der traditionellen Frühjahrsreinigungsweisheit vieler Kulturen und aktivieren zelluläre Reinigungsmechanismen wie die Autophagie.

ANTIOXIDANTIEN IM SOMMER

Der Sommer bringt eine Explosion bunter Früchte und Gemüse, wobei jede Farbe für einen anderen Schutzstoff steht. Diese saisonale Fülle liefert genau das, was wir bei erhöhter Sonneneinstrahlung und Outdoor-Aktivitäten brauchen: Antioxidantien, die unsere Zellen vor oxidativen Schäden schützen.

Rote und violette Sommerfrüchte – Beeren, Kirschen, rote Johannisbeeren – enthalten Anthocyane, die die Blutgefäße schützen und die Gehirnfunktion unterstützen. Wie Dr. Adler anmerkt, helfen diese Verbindungen auch, Kollagen vor dem Abbau zu schützen und die Elastizität der Haut bei Sonneneinstrahlung zu bewahren. Eine Handvoll saisonaler Beeren täglich bietet diese Vorteile in einer Form, die unser Körper erkennt und optimal nutzt.

Orange und gelbe Sommerprodukte – Aprikosen, gelbe Zucchini, gelbe Paprika – enthalten Carotinoide, die die Hautgesundheit unterstützen. Dr. Adler empfiehlt diese Lebensmittel insbesondere wegen ihres Beta-Carotin-Gehalts, der einen gewissen inneren Sonnenschutz bietet. Diese Lebensmittel ersetzen zwar keinen Sonnenschutz, erhöhen aber die Widerstandsfähigkeit unserer Haut gegen UV-Strahlung um das Zwei- bis Dreifache.

Grünes Sommergemüse wie Zucchini, Gurken und verschiedene Salatsorten haben einen hohen Wassergehalt, der bei heißem Wetter für die Flüssigkeitszufuhr sorgt.

Ihr Chlorophyllgehalt unterstützt die Entgiftung, während ihr Mineralprofil Elektrolyte ersetzt, die durch vermehrtes Schwitzen verloren gehen. Diese Lebensmittel kühlen den Körper auf natürliche Weise – ein Beispiel dafür, wie saisonales Essen intuitiv unseren wechselnden Bedürfnissen entspricht.

Sommerkräuter wie Basilikum, Minze und Dill verleihen Sommergerichten nicht nur Geschmack, sondern auch therapeutische Eigenschaften. Ihre ätherischen Öle haben antimikrobielle Eigenschaften, die vor lebensmittelbedingten Bakterien schützen, die sich in der Sommerhitze schneller vermehren. Diese Kräuter unterstützen auch die Verdauung und lindern Entzündungen – beides ist hilfreich bei der sommerlichen Hitzebelastung des Körpers.

Konzentrieren Sie sich bei der Erstellung eines Sommer-Ernährungsplans auf rohe oder leicht gekochte saisonale Produkte. Morgens Smoothies mit saisonalen Beeren, rohe Gemüsesalate zum Mittagessen und leicht gegrilltes Gemüse mit Kräutern zum Abendessen liefern kühlende, hydratisierende Nahrung. Das Essen kleinerer, häufigerer Mahlzeiten hilft, Verdauungsbeschwerden bei heißem Wetter vorzubeugen. Kalte Suppen wie Gazpacho oder Gurken-Joghurt-Suppe liefern Flüssigkeit und Nährstoffe in leicht verdaulicher Form.

IMMUNUNTERSTÜTZUNG IM HERBST

Mit dem Übergang vom Sommer zum Herbst bringt die Erntezeit Nahrungsmittel mit sich, die reich an immununterstützenden Verbindungen sind – genau dann, wenn wir sie brauchen, da die Temperaturen sinken und Atemwegsinfektionen häufiger werden. Dieser Jahreszeitenwechsel bietet die perfekte Ernährung für die kommenden Herausforderungen.

Die farbenfrohe Herbsternte bietet immunstärkende Lebensmittel, die reich an Vitamin C und Zink sind. Hagebutten (Hagebutten), die Dr. Adler wegen ihres außergewöhnlichen Vitamin-C-Gehalts erwähnt, erreichen im Herbst ihre höchste Reife. Nur ein Esslöffel Hagebuttenpulver enthält mehr Vitamin C als mehrere Orangen und unterstützt sowohl die Immunfunktion als auch die Kollagensynthese.

Wurzelgemüse wie Karotten, Rüben, Pastinaken und Steckrüben sind im Herbst am reifsten. Diese Lebensmittel lassen sich gut für den Winter lagern und bieten konzentrierte Nährstoffe. Ihr hoher Ballaststoffgehalt unterstützt die Darmgesundheit, die laut Dr. Adler für die Funktion des Immunsystems von grundlegender Bedeutung ist. Die resistente Stärke in leicht abgekühltem, gekochtem Wurzelgemüse nährt gezielt nützliche Darmbakterien, die zur Regulierung der Immunreaktionen beitragen.

Herbstpilze wie Pfifferlinge und Steinpilze enthalten Beta-Glucane, die die Immunfunktion modulieren. Diese Verbindungen helfen, Immunzellen zu aktivieren und gleichzeitig übermäßige Entzündungsreaktionen zu verhindern – sie trainieren das Immunsystem im Wesentlichen für eine optimale Funktion. Ihr erdiger Geschmack verleiht Herbstsuppen und -eintöpfen Tiefe und bietet gleichzeitig diese therapeutischen Vorteile.

Im Herbst können auch Nüsse und Samen geerntet werden, insbesondere Walnüsse und Kürbiskerne, die Dr. Adler wegen ihres Zinkgehalts und ihrer gesunden Fette hervorhebt. Diese nährstoffreichen Pakete unterstützen nicht nur die Immunfunktion, sondern helfen dem Körper auch, sich auf den Winter vorzubereiten, indem sie Fettsäuren liefern, die die Zellmembranfluidität bei kälteren Temperaturen aufrechterhalten.

Um einen Ernährungsplan für den Herbst zu erstellen, sollten Sie schrittweise von der Rohkost des Sommers zu mehr gekochten Gerichten übergehen. Morgens Haferbrei mit Zimt und gehackten Nüssen bietet wärmende, blutzuckerstabilisierende Nahrung. Mittag- und Abendessen können sich auf geröstetes Wurzelgemüse und herzhafte Suppen mit Knochenbrühe konzentrieren, die Dr. Adler wegen ihrer kollagenunterstützenden Aminosäuren empfiehlt. Die Verwendung von Heilpilzen beim Kochen bringt sowohl Geschmack als auch Immunmodulation.

WINTERRESILIENZ AUFBAUEN

Der Winter bringt kürzere Tage, kältere Temperaturen und andere Nährstoffbedürfnisse mit sich. Die traditionelle deutsche Winterdiät bietet, wenn man sie mit Bedacht annimmt, genau das, was wir in dieser anstrengenden Jahreszeit brauchen: Nahrungsmittel, die anhaltende Energie, Stimmungsstabilität und anhaltende Immunabwehr unterstützen.

Wintergemüse mag zwar begrenzt erscheinen, liefert aber konzentrierte Nährstoffe. Kohl in allen Formen – Rotkohl, Weißkohl, Grünkohl – enthält Glucosinolate, die sowohl die Leberfunktion als auch die Immungesundheit unterstützen. Die Fermentierung von Kohl zu Sauerkraut, die Dr. Adler ausdrücklich empfiehlt, schafft probiotische Vorteile, macht Nährstoffe bioverfügbarer und sorgt für Konservierung während der Wintermonate.

Grundnahrungsmittel aus dem Keller wie Kartoffeln, Knollensellerie und Winterkürbis liefern komplexe Kohlenhydrate, die dabei helfen, den Serotoninspiegel an dunklen Tagen aufrechtzuerhalten. Bei richtiger Zubereitung – gekocht und vor dem Aufwärmen abgekühlt – enthalten diese Lebensmittel auch resistente Stärke, die die Darmbakterien ernährt. Dr. Adler betont, dass diese Darm-Hirn-Verbindung besonders im Winter wichtig ist, wenn Stimmungsstörungen häufiger auftreten.

Zitrusfrüchte, in Deutschland seit jeher ein kostbarer Wintergenuss, liefern Vitamin C, wenn andere frische Produkte knapp sind. Obwohl sie nicht aus der Region stammen, erinnert ihre saisonale Verfügbarkeit im Winter daran, dass selbst in der traditionellen europäischen Winterdiät einige importierte Lebensmittel enthalten waren, insbesondere solche, die aufgrund ihrer Konservierungseigenschaften den Verzehr im Winter ermöglichten.

Der Winter ist auch die traditionelle Zeit für den Verzehr konservierter Lebensmittel aus anderen Jahreszeiten – getrocknete Pilze, Trockenfrüchte, fermentiertes Gemüse und richtig zubereitete tierische Produkte. Während die moderne Kühlung unsere Beziehung zur Lebensmittelkonservierung verändert hat, bieten diese traditionellen Winterlebensmittel oft konzentriertere Nährstoffe als ihre frischen Gegenstücke.

Konzentrieren Sie sich bei der Erstellung eines Speiseplans für den Winter auf wärmende, nährstoffreiche Lebensmittel. Beginnen Sie den Morgen mit warmen Getränken wie dem immunitätsfördernden Fire Cider aus Kapitel 9. Nehmen Sie zu jeder Mahlzeit Proteine zu sich, um die Neurotransmitterproduktion an dunkleren Tagen zu unterstützen. Legen Sie den Schwerpunkt auf lange gekochte Suppen und Eintöpfe, die den Zutaten ein Maximum an Nährstoffen entlocken und gleichzeitig wärmendes Wohlbefinden bieten. Nehmen Sie täglich fermentierte Lebensmittel zu sich, um das Mikrobiom weiterhin zu unterstützen, wenn frische Vegetation begrenzt ist.

Saisonale Ernährung in das moderne Leben integrieren

Während unsere Vorfahren aus Notwendigkeit saisonal aßen, haben wir heute das Privileg der Wahl – doch dieser Überfluss kann uns von natürlichen Rhythmen trennen. Die Wiedereingliederung saisonaler Muster erfordert Achtsamkeit, bringt aber erhebliche gesundheitliche und ökologische Vorteile.

Bauernmärkte bieten die direkteste Verbindung zu saisonalem Essen. In Deutschland, wo wir eine ausgeprägte regionale Lebensmitteltradition haben, zeigen lokale Märkte, was wirklich Saison hat. Der Einkauf auf Bauernmärkten garantiert nicht nur Frische, sondern bietet oft auch einen höheren Nährwert, da die Produkte in der Regel kurz vor dem Verzehr geerntet werden und nicht aufgrund ihrer Haltbarkeit für den Transport ausgewählt werden.

Programme für von der Gemeinschaft unterstützte Landwirtschaft (CSA) oder Solidarische Landwirtschaft (SoLaWi) bieten eine weitere Verbindung zu saisonalen Mustern. Bei diesen Vereinbarungen, bei denen Verbraucher Anteile der Ernte eines Bauernhofs kaufen, passt sich Ihre Küche automatisch den lokalen Jahreszeiten an. Das Überraschungselement, das aktuell geerntete Gemüse zu erhalten, fördert außerdem kulinarische Kreativität und Ernährungsvielfalt.

Der Anbau selbst kleiner Mengen von Lebensmitteln – ob auf dem Balkon, im Garten oder auf Gemeinschaftsgrundstücken – ermöglicht eine enge Verbindung zu saisonalen Mustern. Insbesondere Kräuter bieten auf kleinem Raum einen hohen Nährwert und medizinischen Nutzen. Die Pflege von Pflanzen bietet auch über die Ernährung hinaus gesundheitliche Vorteile durch körperliche Aktivität, Stressabbau und mikrobielle Exposition.

Wer auf Supermärkte angewiesen ist, kann bewusstere Entscheidungen treffen, wenn er weiß, welche Lebensmittel in seiner Region wirklich saisonal sind. Viele deutsche Supermärkte kennzeichnen regionale Produkte mittlerweile, was die Identifizierung erleichtert. Die Wahl dieser Optionen gegenüber identisch aussehenden, aber weniger nahrhaften importierten Alternativen fördert sowohl die Gesundheit als auch die lokale Landwirtschaft.

Methoden zur Lebensmittelkonservierung ermöglichen es, saisonale Nahrungsmittel das ganze Jahr über zu essen. Moderne Methoden wie das Einfrieren erhalten mehr Nährstoffe als früher möglich war, während traditionelle Methoden wie die Fermentation den Nährwert von Lebensmitteln sogar steigern. Eine gut gefüllte Speisekammer mit konservierten saisonalen Lebensmitteln hilft, die Lücken zwischen den Ernten zu überbrücken.

Denken Sie zum Abschluss dieses Kapitels daran, dass es bei saisonaler Ernährung nicht um starre Regeln geht, sondern darum, sich wieder an natürliche Muster zu binden, die die Gesundheit fördern. Selbst kleine Veränderungen hin zu saisonaleren Entscheidungen bringen Vorteile. Die Rezepte in diesem Buch sind so zusammengestellt, dass sie saisonal flexibel sind. So können Sie das hervorheben, was lokal verfügbar ist, und trotzdem das ganze Jahr über Dr. Adlers Ernährungsprinzipien anwenden.

KAPITEL 15: ALTERSGEMÄßES ESSEN

Während die Grundprinzipien der Zellernährung im Laufe des Lebens konstant bleiben, ändern sich unsere Nährstoffbedürfnisse im Laufe des Lebens. Wie Dr. Adler betont hat, erfolgt die Alterung in verschiedenen Körpersystemen unterschiedlich schnell – eine Person hat vielleicht faltige Haut, aber starke Knochen, während eine andere eine perfekte Haut, aber eine beeinträchtigte Immunfunktion hat. Dieser ungleichmäßige Alterungsprozess bedeutet, dass wir darauf achten müssen, wie sich unser individueller Körper im Laufe der Zeit verändert.

Die gute Nachricht ist, wie Dr. Adler betont, dass unsere Lebenserwartung und Gesundheit zu etwa 70-90 % von unserem Lebensstil abhängen, während die Genetik nur 10-30 % ausmacht. Das bedeutet, dass wir durch unsere Ernährungsgewohnheiten einen großen Einfluss darauf haben, wie wir altern. In diesem Kapitel werden wir untersuchen, wie Sie Ihre Essgewohnheiten anpassen können, um den sich ändernden Bedürfnissen Ihres Körpers in den verschiedenen Jahrzehnten und Übergängen gerecht zu werden.

ERNÄHRUNG IM LAUFE DER JAHRZEHNTE

Unser Nährstoffbedarf ändert sich im Laufe der Jahrzehnte subtil, aber deutlich. Wenn wir diese Veränderungen verstehen, können wir gezielt Unterstützung leisten, genau dann, wenn unser Körper sie am meisten braucht.

In Ihren 20ern: Dieses Jahrzehnt ist typischerweise durch eine hohe Stoffwechselaktivität und Zellresistenz gekennzeichnet, geht aber oft auch mit einem höheren Stresslevel durch Karriereaufbau und sozialen Druck einher. Der

Schwerpunkt der Ernährung sollte auf dem Aufbau einer starken Grundgesundheit liegen und gleichzeitig stressbedingte Essgewohnheiten in den Griff bekommen.

Zu den wichtigsten Nährstoffen in diesem Jahrzehnt gehören Eisen (insbesondere für Frauen mit Menstruationsblutverlust), Kalzium und Vitamin D für die weitere Knochenentwicklung (die erst im Alter von etwa 30 Jahren vollständig abgeschlossen ist) und B-Vitamine zur Unterstützung der Energieproduktion in den Jahren mit hohem Energiebedarf. Antioxidantien aus buntem Obst und Gemüse helfen, stressbedingte Zellschäden zu bekämpfen, während ausreichend Protein den Muskelerhalt während dieser körperlich aktiven Zeit unterstützt.

Die in diesem Jahrzehnt entwickelten Essgewohnheiten legen oft den Grundstein für lebenslange Gewohnheiten. Wenn Sie die Prinzipien aus früheren Kapiteln berücksichtigen – die Pflanzenvielfalt betonen, fermentierte Lebensmittel einbeziehen und hochverarbeitete Produkte minimieren –, entwickeln Sie eine Zellresistenz, die sich über Jahrzehnte auszahlt.

In Ihren 30ern: In diesem Jahrzehnt beginnen häufig Stoffwechselveränderungen. Viele Menschen bemerken, dass sie sich nicht mehr so ernähren können wie bisher, ohne zuzunehmen. Zellreparaturmechanismen verlangsamen sich leicht und hormonelle Veränderungen können spürbar werden, insbesondere bei Frauen kurz vor der Perimenopause.

Die Ernährungsprioritäten verschieben sich in Richtung der Unterstützung der Mitochondriengesundheit, da diese zellulären „Kraftwerke" mit zunehmendem Alter weniger effizient werden. Lebensmittel, die reich an Coenzym Q10 sind, wie Innereien, fetter Fisch und Vollkornprodukte, unterstützen die Mitochondrienfunktion. Auch die Kollagenproduktion nimmt in diesem Jahrzehnt ab, weshalb Vitamin-C-reiche Lebensmittel für die Hautgesundheit immer wichtiger werden.

Die Produktion von Verdauungsenzymen kann abnehmen, sodass die Zubereitungsmethoden wichtiger werden. Einfache Techniken wie das Einweichen von Nüssen und Hülsenfrüchten, das Fermentieren von Gemüse und langsamere Kochmethoden tragen dazu bei, die Nährstoffverfügbarkeit zu verbessern, da die natürliche Enzymaktivität nachlässt.

In Ihren 40ern: Hormonelle Schwankungen werden in diesem Jahrzehnt stärker ausgeprägt. Frauen erleben die Perimenopause, während Männer einen allmählichen Testosteronabfall bemerken können. Die Insulinempfindlichkeit nimmt oft ab, was die Blutzuckerkontrolle schwieriger macht.

Dr. Adler weist darauf hin, dass in diesem Jahrzehnt hormonunterstützenden Nährstoffen mehr Aufmerksamkeit geschenkt werden muss. Bei Frauen können phytoöstrogenhaltige Lebensmittel wie Leinsamen und fermentierte Sojaprodukte helfen, Östrogenschwankungen zu modulieren. Männer profitieren von zinkreichen Lebensmitteln wie Kürbiskernen, die einen gesunden Testosteronspiegel unterstützen.

Die Muskelmasse beginnt auf natürliche Weise abzunehmen (ein Prozess, der Sarkopenie genannt wird), wodurch die Proteinaufnahme wichtiger wird. Streben Sie hochwertiges Protein an, das über den Tag verteilt und nicht in einer Mahlzeit konzentriert aufgenommen wird, um die Muskelproteinsynthese zu maximieren. Besonders wertvoll wird dabei die Aminosäure Leucin, die in Lebensmitteln wie Eiern, Fleisch und Milchprodukten enthalten ist.

In Ihren 50ern und darüber hinaus: In dieser Zeit kommt es zu erheblichen hormonellen Veränderungen. Frauen erleben die Menopause und Männer die allmähliche Andropause. Zellreparaturmechanismen verlangsamen sich deutlich, während Entzündungen zunehmen – ein Phänomen, das manche Forscher als „Inflammaging" bezeichnen.

Der Schwerpunkt der Ernährung verschiebt sich hin zu entzündungshemmenden Verbindungen und Antioxidantien, um erhöhten oxidativen Stress zu bekämpfen. Omega-3-Fettsäuren aus fettem Fisch, Leinsamen und Walnüssen helfen, Entzündungen zu lindern. Curcumin aus Kurkuma bietet eine starke entzündungshemmende Wirkung, wenn es mit schwarzem Pfeffer zur besseren Aufnahme verzehrt wird.

Die Absorptionseffizienz mehrerer Nährstoffe nimmt ab, insbesondere von B12, Kalzium, Vitamin D und Magnesium. Bei der Auswahl von Nahrungsmitteln sollten hoch bioverfügbare Formen dieser Nährstoffe bevorzugt werden, die ggf. bei Bedarf auf der Grundlage von Blutuntersuchungen ergänzt werden. Die Produktion von Magensäure nimmt häufig ab, was die Nährstoffabsorption weiter beeinträchtigt und möglicherweise zu einer bakteriellen Überwucherung des Dünndarms (SIBO) führt.

Hormonelle Veränderungen und Ernährung

Hormonelle Veränderungen gehören zu den wichtigsten physiologischen Veränderungen im Leben. Während wir uns oft auf die Fortpflanzungshormone konzentrieren, erinnert uns Dr. Adler daran, dass Stoffwechselhormone, Stresshormone und Schlafhormone alle altersbedingten Veränderungen unterliegen, die durch gezielte Ernährung unterstützt werden können.

Perimenopause und Menopause: Dieser Übergang beginnt normalerweise in den 40ern, wobei die Menopause offiziell nach 12 aufeinanderfolgenden Monaten ohne Menstruation diagnostiziert wird. Schwankende und schließlich sinkende Östrogenspiegel wirken sich über die Fortpflanzung hinaus auf zahlreiche Körpersysteme aus, darunter die Herz-Kreislauf-Gesundheit, die Knochendichte, die kognitiven Funktionen und die Stimmungsregulierung.

Die Ernährung kann diesen Übergang erheblich erleichtern. Phytoöstrogene, die in Lebensmitteln wie Leinsamen, Sesamsamen und traditionellen Sojaprodukten (nicht in hochverarbeiteten Varianten) enthalten sind, bieten sanfte östrogenähnliche Effekte, die helfen können, die Reaktion des Körpers auf sinkendes natürliches Östrogen zu modulieren. Diese Verbindungen binden an einige Östrogenrezeptoren und sorgen bei Bedarf für eine leichte östrogene Aktivität, während sie in anderen Geweben eine übermäßige Östrogenaktivität blockieren.

Kalzium und Vitamin D werden immer wichtiger, da die schützende Wirkung von Östrogen auf die Knochen nachlässt. Während Milchprodukte hoch bioverfügbares Kalzium liefern, können auch pflanzliche Quellen wie Grünkohl, Brokkoli, Mandeln und mit Kalzium angereicherter Tofu einen erheblichen Beitrag leisten. Vitamin D aus fettem Fisch, Eigelb und Pilzen, die UV-Licht ausgesetzt sind, unterstützt die Kalziumaufnahme, obwohl viele Menschen in nordeuropäischen Ländern wie Deutschland möglicherweise Nahrungsergänzungsmittel benötigen, insbesondere in den Wintermonaten.

Während dieser Umstellung wird die Regulierung des Blutzuckerspiegels oft schwieriger. Die Betonung ballaststoffreicher Nahrungsmittel, gesunder Fette und ausreichend Proteine bei jeder Mahlzeit hilft, den Glukosespiegel zu stabilisieren.

Das Bitter Greens Pesto aus Kapitel 13 enthält Verbindungen, die die Insulinempfindlichkeit verbessern und gleichzeitig die Leber bei der Entgiftung der sich verändernden Hormone unterstützen.

Andropause (hormonelle Veränderungen beim Mann): Bei Männern kommt es zu einem langsameren Rückgang des Testosteronspiegels, der typischerweise ab dem 40. Lebensjahr beginnt und das ganze Leben lang anhält. Dies wirkt sich auf Muskelmasse, Knochendichte, Energieniveau und Stimmung aus, obwohl die Veränderungen im Allgemeinen subtiler sind als jene, die Frauen während der Menopause erleben.

Die Ernährungsunterstützung konzentriert sich auf zinkreiche Lebensmittel wie Austern, Kürbiskerne und grasgefüttertes Rindfleisch, die Rohstoffe für die Testosteronproduktion liefern. Ausreichend Cholesterin aus Vollwertnahrungsquellen ist ebenfalls erforderlich, da alle Steroidhormone (einschließlich Testosteron) aus Cholesterin synthetisiert werden. Dies bedeutet nicht, übermäßig viele tierische Produkte zu konsumieren, sondern vielmehr, das natürlich vorkommende Cholesterin in Vollwertnahrung nicht einzuschränken.

Kreuzblütler wie Brokkoli, Blumenkohl und Rosenkohl helfen dabei, das optimale Östrogen-Testosteron-Gleichgewicht bei Männern aufrechtzuerhalten, indem sie die Leber bei der Entgiftung überschüssiger Östrogene unterstützen. Die Kombination mit den von Dr. Adler empfohlenen schwefelreichen Lebensmitteln wie Knoblauch und Zwiebeln verstärkt ihre hormonregulierende Wirkung noch weiter.

Cortisol und Stresshormone: Chronischer Stress hat mit zunehmendem Alter größere Auswirkungen auf den Körper, teilweise weil unsere Rückkopplungsmechanismen zum Abschalten von Stressreaktionen weniger effizient werden. Cortisol, unser wichtigstes Stresshormon, kann über längere Zeiträume erhöht bleiben und Schlaf, Stoffwechsel und Immunfunktion beeinträchtigen.

Magnesiumreiche Lebensmittel wie dunkelgrünes Blattgemüse, Kürbiskerne und dunkle Schokolade helfen, die Stressreaktion abzumildern. Adaptogene Kräuter wie Ashwagandha, das in der hormonausgleichenden Adaptogenmischung aus Kapitel 11 enthalten ist, helfen, den Cortisolspiegel zu normalisieren, ohne ein weiteres Ungleichgewicht zu verursachen.

B-Vitamine, insbesondere B5 (Pantothensäure), das in Avocados, Joghurt und Pilzen vorkommt, unterstützen die Nebennieren, die Stresshormone produzieren. Dies wird zunehmend wichtiger, da diese Drüsen nach einem Rückgang der Fortpflanzungshormone einen Teil der Hormonproduktion übernehmen.

Umgang mit häufigen altersbedingten Problemen

Mit zunehmendem Alter treten häufiger gesundheitliche Probleme auf. Dr. Adler betont jedoch, dass viele davon keine unvermeidlichen Folgen des Alterns sind. Sie sind vielmehr das Ergebnis angesammelter Lebensstilfaktoren, die oft durch eine gezielte Ernährung verbessert werden können.

Herz-Kreislauf-Gesundheit: Die Herz- und Blutgefäßfunktion lässt mit dem Alter normalerweise nach, aber die Ernährung kann diesen Prozess deutlich abmildern. Dr. Adler weist darauf hin, dass die mediterrane Ernährungsweise mit ihrem Schwerpunkt auf Olivenöl, Fisch, Nüssen, Gemüse und moderatem Weinkonsum die Herz-Kreislauf-Gesundheit besonders fördert.

Die Produktion von Stickoxid, das zur Erhaltung der Elastizität der Blutgefäße beiträgt, nimmt mit zunehmendem Alter ab. Der Beet Nitric Oxide Booster aus Kapitel 11 liefert Nahrungsnitrate, die im Körper in Stickoxid umgewandelt werden und so einen gesunden Blutdruck und Kreislauf unterstützen. Granatapfel, Weißdornbeeren und Hibiskus unterstützen die Gesundheit der Blutgefäße ebenfalls durch verschiedene Mechanismen.

Der Homocysteinspiegel steigt mit dem Alter an und kann zu Blutgefäßschäden führen. B-Vitamine, insbesondere B6, B12 und Folsäure, helfen dabei, Homocystein in weniger schädliche Verbindungen umzuwandeln. Dunkelgrünes Blattgemüse, Hülsenfrüchte und Nährhefe liefern diese Nährstoffe in bioverfügbarer Form.

Knochen- und Gelenkgesundheit: Die Knochendichte erreicht normalerweise im Alter von etwa 30 Jahren ihren Höhepunkt und nimmt dann allmählich ab. Frauen erleben in den ersten Jahren nach der Menopause aufgrund des Östrogenrückgangs einen beschleunigten Knochenschwund. Auch der Gelenkknorpel wird mit dem Alter dünner, was zu einem erhöhten Risiko für Osteoarthritis führt.

Der Kalziumbedarf bleibt das ganze Leben lang wichtig, aber ebenso wichtig sind die Kofaktoren, die bestimmen, wo im Körper Kalzium landet. Vitamin K2, das in fermentierten Lebensmitteln wie Sauerkraut und bestimmten gereiften Käsesorten enthalten ist, hilft dabei, Kalzium in die Knochen und nicht in das Weichgewebe zu leiten. Magnesium, das in Kürbiskernen, Spinat und schwarzen Bohnen reichlich vorhanden ist, ist für die richtige Kalziumverwertung notwendig.

Die Kollagensynthese nimmt mit dem Alter ab, was sich auf die Gesundheit von Knochen und Gelenken auswirkt. Die kollagenunterstützenden Proteinhäppchen aus Knochenbrühe aus Kapitel 12 enthalten Glycin, Prolin und Hydroxyprolin, die

die körpereigene Kollagenproduktion unterstützen. Vitamin C-reiche Lebensmittel wie Paprika, Zitrusfrüchte und Erdbeeren sind wichtige Cofaktoren für die Kollagensynthese.

Kognitive Funktion: Mit zunehmendem Alter werden die Probleme mit der Gesundheit des Gehirns immer deutlicher, von leichten Gedächtnisstörungen bis hin zu einem deutlicheren kognitiven Abbau. Dr. Adler weist darauf hin, dass die Alterung des Gehirns maßgeblich von Lebensstilfaktoren beeinflusst wird, insbesondere von der Qualität der Ernährung, körperlicher Aktivität und Schlaf.

Omega-3-Fettsäuren, insbesondere DHA, das in fettem Fisch und Algen vorkommt, sind für die Aufrechterhaltung der Fluidität und Funktion der Nervenmembranen von entscheidender Bedeutung. Antioxidantienreiche Beeren schützen die Gehirnzellen vor oxidativen Schäden, während Curcumin die Blut-Hirn-Schranke passiert, um Entzündungen zu reduzieren und die Funktion der Neuronen zu unterstützen.

Die Regulierung des Blutzuckerspiegels wird mit zunehmendem Alter für die Gesundheit des Gehirns immer wichtiger. Chronisch erhöhte Glukosewerte können zur Glykation von Gehirnproteinen und zu einer Beeinträchtigung der kognitiven Funktion führen. Die Rezepte in diesem Buch legen Wert auf einen stabilen Blutzuckerspiegel durch Ballaststoffe, gesunde Fette und eine moderate Kohlenhydrataufnahme.

Das Mikrobiom verändert sich mit dem Alter

Eine der bedeutendsten altersbedingten Veränderungen findet in unserem Darmmikrobiom statt. Wie Dr. Adler erklärt, nimmt die Mikrobiomvielfalt im Alter typischerweise ab, während bestimmte weniger nützliche Bakterien tendenziell zunehmen. Diese Veränderung beeinflusst die Nährstoffaufnahme, die Immunfunktion und sogar die Neurotransmitterproduktion.

Die Beziehung zwischen Alterung und Veränderungen des Mikrobioms wirkt in beide Richtungen – die Alterung beeinflusst unsere Darmbakterien, aber unsere Darmbakterien beeinflussen auch, wie wir altern. Untersuchungen zeigen, dass die Übertragung der Mikrobiota von jungen Tieren auf ältere Tiere bestimmte Aspekte des Alterns teilweise umkehren kann, was die grundlegende Rolle dieser Organismen im Alterungsprozess unterstreicht.

Präbiotische Ballaststoffe werden mit zunehmendem Alter immer wichtiger, da nützliche Bakterien zusätzliche Unterstützung benötigen, um zu gedeihen. Die Akazienfaser, die Dr. Adler speziell empfiehlt, nährt Bifidobakterien und Laktobazillen, deren Anzahl mit zunehmendem Alter tendenziell abnimmt. Topinambur, Zichorienwurzel, Löwenzahnblätter und leicht unreife Bananen liefern zusätzliche präbiotische Ballaststoffe, die verschiedene nützliche Bakterienstämme unterstützen.

Probiotische Lebensmittel helfen dabei, nützliche Bakterien direkt wieder aufzufüllen. Dr. Adler empfiehlt insbesondere nicht pasteurisiertes Sauerkraut und andere traditionell fermentierte Lebensmittel. Diese liefern nicht nur lebende Bakterien, sondern auch Postbiotika – nützliche Verbindungen, die während der Fermentation entstehen und die Darmbarrierefunktion unterstützen und Entzündungen reduzieren.

Polyphenole aus Beeren, dunkler Schokolade, grünem Tee und Rotwein wirken als selektive Mikrobiommodulatoren, die das Wachstum nützlicher Bakterien fördern und potenziell schädliche Bakterien hemmen. Diese Verbindungen gelangen weitgehend unverdaut in den Dickdarm, wo sie zur Nahrung für bestimmte Bakterienarten werden, die gesundheitsfördernde Metabolite produzieren.

Da sich die Verdauungsfunktion mit dem Alter verändert, werden die Methoden der Nahrungsmittelzubereitung wichtiger. Die in früheren Kapiteln vorgestellten fermentierten und gekeimten Nahrungsmittel sind aufgrund ihrer verbesserten Verdaulichkeit besonders wertvoll. Kochmethoden, die komplexe Nahrungsmittelstrukturen aufbrechen, wie langsames Kochen und Schnellkochen, können die Nährstoffverfügbarkeit verbessern, wenn die Verdauungskapazität nachlässt.

Passen Sie Ihre Ernährung dem Alter an

Neben der Behandlung spezifischer Probleme sorgt die Schaffung eines flexiblen Rahmens für die Anpassung Ihrer Ernährung im Laufe des Lebens für eine kontinuierliche Zellunterstützung bei sich ändernden Bedürfnissen. Der Schlüssel liegt darin, ein Bewusstsein für die Signale Ihres Körpers zu entwickeln und schrittweise Anpassungen vorzunehmen, anstatt drastische Umstellungen vorzunehmen.

Der Kalorienbedarf nimmt im Allgemeinen mit zunehmendem Alter ab, da der Stoffwechsel abnimmt und das Aktivitätsniveau oft abnimmt. Der Nährstoffbedarf bleibt jedoch gleich oder steigt sogar an. Dies führt zu dem, was Ernährungswissenschaftler als „Nährstoffdichte" bezeichnen – der Notwendigkeit, mehr Nährstoffe aus weniger Kalorien zu erhalten. Die Rezepte in diesem Buch legen den Schwerpunkt auf nährstoffreiche Lebensmittel, die mit zunehmendem Alter immer wichtiger werden.

Entgegen der landläufigen Meinung steigt der Proteinbedarf tatsächlich mit dem Alter. Dies liegt daran, dass die Effizienz der Proteinaufnahme und -verwertung abnimmt, während der Reparaturbedarf des Körpers steigt. Streben Sie 25 bis 30 Gramm Protein pro Mahlzeit an und konzentrieren Sie sich auf leicht verdauliche Quellen wie Fisch, Eier, Joghurt und gut zubereitete Hülsenfrüchte.

Der Flüssigkeitsbedarf ändert sich mit dem Alter, da das Durstgefühl oft abnimmt und die Nieren den Urin weniger effizient konzentrieren können. Kräutertees, Mineralwasser und wasserreiche Lebensmittel wie Gurken und Wassermelonen können helfen, den Flüssigkeitshaushalt aufrechtzuerhalten, ohne sich ausschließlich auf Durstsignale zu verlassen, die weniger zuverlässig werden können.

Die Mahlzeitenzeiten und -struktur müssen mit dem Alter möglicherweise angepasst werden. Viele Menschen finden, dass sie Nahrung leichter verdauen, wenn sie früher am Tag größere Mahlzeiten und abends leichtere Mahlzeiten zu sich nehmen. Die traditionelle deutsche Praxis, die Hauptmahlzeit mittags einzunehmen, passt gut zu diesem Muster.

Intermittierendes Fasten, das Dr. Adler wegen seiner zellreinigenden Wirkung empfiehlt, muss möglicherweise mit zunehmendem Alter angepasst werden. Während die Fasten-ähnliche Diät, die sie erwähnt, das ganze Leben lang von Vorteil sein kann, müssen Zeitpunkt und Dauer der Fastenperioden möglicherweise je nach individuellem Gesundheitszustand, Medikamentenbedarf und Energiebedarf angepasst werden.

Die Selbstbeobachtung wird mit zunehmendem Alter wertvoller, da individuelle Unterschiede mit der Zeit zunehmen. Einfache Praktiken wie das Führen eines Ernährungs- und Stimmungstagebuchs, um zu verfolgen, wie sich verschiedene

Lebensmittel auf Ihre Energie, Verdauung und Ihren Schlaf auswirken, können personalisierte Erkenntnisse liefern, die über allgemeine Empfehlungen hinausgehen.

Wie Dr. Adler betont, wird die regelmäßige Beurteilung des Ernährungszustands mit zunehmendem Alter immer wichtiger. Blutuntersuchungen auf wichtige Nährstoffe wie Vitamin D, B12, Eisen und Entzündungsmarker liefern objektives Feedback darüber, wie Ihre Ernährung Ihre Zellen unterstützt. Dieser datengesteuerte Ansatz ermöglicht gezielte Anpassungen statt Rätselraten.

Das Schöne an dem Ansatz der Zellernährung, den Dr. Adler vertritt, ist seine Anpassbarkeit im Laufe des Lebens. Wenn Sie die Prinzipien verstehen, anstatt starren Regeln zu folgen, können Sie fundierte Anpassungen vornehmen, wenn sich die Bedürfnisse Ihres Körpers ändern. Die Rezepte und Praktiken in diesem Buch bieten eine Grundlage, die sich in jeder Lebensphase mit Ihnen anpassen und entwickeln kann.

KAPITEL 16: DER 14-TÄGIGE BRILLIANTE ERNÄHRUNGSPLAN

Nachdem wir nun die Wissenschaft der Zellernährung erforscht und gelernt haben, wie Dr. Adlers Prinzipien in verschiedenen Jahreszeiten und Lebensabschnitten angewendet werden, ist es an der Zeit, alles in die Tat umzusetzen. Dieser 14-Tage-Plan fasst die Schlüsselkonzepte aus den vorherigen Kapiteln in einem praktischen Rahmen zusammen, der die tägliche Umsetzung unkompliziert und angenehm macht.

Bei diesem Plan geht es nicht um starre Regeln oder Perfektionismus. Wie Dr. Adler betont, ist Ausgewogenheit wichtiger als Perfektion. Vielmehr handelt es sich um einen funktionalen Plan, der zeigt, wie man zellunterstützende Lebensmittel in den Alltag einbauen kann. Der Plan beinhaltet Dr. Adlers spezifische Empfehlungen – täglich Tomatenmark für Lycopin, normaler Karottensaft mit Öl für Beta-Carotin, bittere Grünpflanzen zur Unterstützung der Leber und probiotische Lebensmittel für die Darmgesundheit – und bietet gleichzeitig Flexibilität für persönliche Vorlieben und saisonale Verfügbarkeit.

KOMPLETTER ZWEIWÖCHIGER MAHLZEITPLAN

Dieser Plan enthält Rezepte aus dem gesamten Buch und zeigt, wie sie sich zu einer ausgewogenen täglichen Ernährung kombinieren lassen. Jeder Tag liefert etwa 30 verschiedene Nährstoffe aus verschiedenen Lebensmittelkategorien, wobei die Geschmacksvielfalt erhalten bleibt, um einer Menümüdigkeit vorzubeugen.

Woche Eins: Fokus Frühling/Sommer

Tag	Frühstück	Mittagessen	Abendessen	Snacks
Montag	Matcha Chlorophyll Morgenaktivator (Kap. 11) Präbiotische Overnight Oats (Kap. 4)	Mikrobiom-Regenbogen-Buddha-Bowl (Kap. 6) Darmfreundliches Studentenfutter (Kap. 10)	Gebackene Fischpäckchen reich an Omega-3 (Kap. 7) Bittergemüse mit Polyphenol-Dressing (Kap. 8)	Beta-Carotin-Karottensaft (Kap. 11) Präbiotische Ballaststoffkekse (Kap. 12)
Dienstag	Entzündungshemmender Frühstücks-Smoothie (Kap. 4) Tomaten-Lycopin-Toast (Kap. 4)	Pflanzliche grüne Detox-Suppe (Kap. 5) Hautunterstützende Samen (Kap. 13) über den Salat streuen	Hormonausgleichende Tempeh-Schüssel (Kap. 7) Zellulärer Hydrator aus Gurke und Kräutern (Kap. 8)	Grüner Saft reich an Phytonährstoffen (Kap. 11) Kollagenverstärkende Proteinhäppchen aus Knochenbrühe (Kap. 10)
Mittwoch	Beta-Carotin-Frühstücksschale (Kap. 4) Tägliches Tomaten-Lycopin-Elixier (Kap. 11)	Lycopinreiche Tomatenessenz (Kap. 5) Carotinoid-Farbexplosion-Krautsalat (Kap. 8)	Blumenkohlsteaks mit Bittergrün-Pesto (Kap. 6) Mikrobiomunterstützende fermentierte Gemüsechips (Kap. 10)	Stickoxid-Booster aus Zuckerrüben (Kap. 11) Polyphenolhaltige Nuss- und Beerencluster (Kap. 10)
Donnerstag	Matcha-Energiespender am Morgen (Kap. 4) Kollagenunterstützender Beeren-Smoothie (Kap. 11)	Präbiotischer Lauch und Kartoffelsamt (Kap. 5) Lycopin-Tomaten- und Wassermelonensalat (Kap. 8)	Mit Zink angereichertes Linsen-Walnuss-Brot (Kap. 7) Mikrobiomunterstützende fermentierte Gemüsechips (Kap. 10)	Karotten-Beta-Carotin-Auffrischung (Kap. 11) Hautfreundliche Avocado-Schokoladentrüffel (Kap. 12)
Freitag	Darmfreundliches Müsli (Kap. 4) mit Joghurt und Beeren	Kohl-Power-Pfannengericht (Kap. 6) Aminosäureprofil - Ausgewogene Quinoa-Pfanne (Kap. 7)	Medley aus Mereskollagen und Meeresfrüchten (Kap. 7) Geröstetes Wurzelgemüsegemisch mit Kräutern (Kap. 6)	Mikrobiomunterstützender präbiotischer Tee (Kap. 11) Süßkartoffelchips mit Beta-Carotin (Kap. 10)
Samstag	Carotinoidreiche Karottenpfannkuchen (Kap. 4) Mit Polyphenolen angereicherte	Entzündungshemmende Kurkumabrühe (Kap. 5) Antioxidantien-Teller mit Avocado und	Beta-Carotin-Hühnchen-Tajine (Kap. 7) Bittergemüse und Pilaw aus Urgetreide (Kap. 6)	Hormonausgleichende Adaptogenmischung (Kap. 11) Phytonährstoff-Powerbälle (Kap. 10)

	Beerensauce (Kap. 13)	Zitrusfrüchten (Kap. 8)		
Sonntag	Hormonausgleichendes Frühstücks-Hash (Kap. 4) Tägliches Tomaten-Lycopin-Elixier (Kap. 11)	Verjüngende Knochenbrühe-Basis (Kap. 5) Farbrad Gemüse Tian (Kap. 6)	Risotto mit Wildpilzen und Microgreens (Kap. 6) Chlorophyllreiche Green Goddess Bowl (Kap. 8)	Antioxidantieller Abendentspanner (Kap. 11) Darmfreundliche dunkle Schokoladenmousse (Kap. 12)

Woche zwei: Herbst-/Winterfokus

Tag	Frühstück	Mittagessen	Abendessen	Snacks
Montag	Präbiotische Overnight Oats (Kap. 4) mit Winterbirnen und Walnüssen	Kollagenunterstützender, langsam gekochter Eintopf (Kap. 7) Präbiotische Ballaststoff-Power-Tabouli (Kap. 8)	Polyphenolreiches Ratatouille (Kap. 6) mit schwefelhaltigem Knoblauch-Kräuter-Dressing (Kap. 13)	Beta-Carotin-Karottensaft (Kap. 11) Hormonunterstützendes Samenkrokant (Kap. 12)
Dienstag	Matcha Chlorophyll Morgenaktivator (Kap. 11) Tomaten-Lycopin-Toast (Kap. 4)	Kreuzblütler-Eintopf (Kap. 5) Schwefelverbindungen der Kreuzblütlerseite (Kap. 8)	Regeneratives Lammkarree mit Kräuterkruste (Kap. 7) Hautstraffendes Kollagen-Pflanzengemisch (Kap. 8)	Tägliches Tomaten-Lycopin-Elixier (Kap. 11) Mikrobiombewusster Frozen Yogurt (Kap. 12)
Mittwoch	Darmfreundliches Müsli (Kap. 4) mit winterlichen Zitrussegmenten	Mikrobiomunterstützender Bohneneintopf (Kap. 5) Bittergemüse mit Polyphenol-Dressing (Kap. 8)	Pflanzliches Protein-Power-Hülsenfrucht-Curry (Kap. 7) Bittergemüse und Pilaw aus Urgetreide (Kap. 6)	Bitterkräuter-Verdauungstonikum (Kap. 11) Präbiotische Ballaststoffkekse (Kap. 12)
Donnerstag	Beta-Carotin-Frühstücksschale (Kap. 4) Tägliches Tomaten-Lycopin-Elixier (Kap. 11)	Darmheilendes Pilzelixier (Kap. 5) Mikrobiom-Regenbogen-Buddha-Bowl (Kap. 6)	Mikrobiomfreundliches Pfannengericht aus fermentiertem Tofu (Kap. 7) Geröstetes Wurzelgemüsegemisch mit Kräutern (Kap. 6)	Entzündungshemmende Goldene Milch-Eis am Stiel (Kap. 12) Karotten-Beta-Carotin-Auffrischung (Kap. 11)
Freitag	Carotinoidreiche Karottenpfannkuchen (Kap. 4) mit polyphenolreicher Beerensauce (Kap. 13)	Antioxidantiensuppe aus Rüben und Beeren (Kap. 5) Präbiotisches Artischocken-Lauch-Gratin (Kap. 6)	Mit Lycopin gefüllte Paprika (Kap. 6) Hautunterstützende Samen (Kap. 13) über den Salat streuen	Antioxidantieller Abendentspanner (Kap. 11) In Rotwein pochierte Birnen mit

				Polyphenolen (Kap. 12)
Samstag	Hormonausgleichendes Frühstücks-Hash (Kap. 4) Chlorophyll-Grüne Soße (Kap. 13)	Goldene Beta-Carotin-Bisque (Kap. 5) Schwefelverbindungen der Kreuzblütlerseite (Kap. 8)	Kollagenunterstützender, langsam gekochter Eintopf (Kap. 7) Chlorophyllreiche Green Goddess Bowl (Kap. 8)	Hormonausgleichende Adaptogenmischung (Kap. 11) Phytonährstoffreiche Obsttorte (Kap. 12)
Sonntag	Entzündungshemmender Frühstücks-Smoothie (Kap. 4) Mit Beta-Carotin gewürzte Karottenkuchenhäppchen (Kap. 12)	Verjüngende Knochenbrühe-Basis (Kap. 5) Probiotisches Rotkohlkraut (Kap. 9)	Aminosäureprofil - Ausgewogene Quinoa-Pfanne (Kap. 7) Lycopin-Tomaten- und Wassermelonensalat (Kap. 8)	Mikrobiomunterstützender präbiotischer Tee (Kap. 11) Hautfreundliche Avocado-Schokoladentrüffel (Kap. 12)

EINKAUFSLISTEN

Gut organisiertes Einkaufen vereinfacht die Einhaltung dieses Ernährungsansatzes. Diese Listen sind nach Ladenabteilungen sortiert, um ein effizientes Einkaufen zu ermöglichen, und nach Wochen, um die Frische zu bewahren. Anstatt jede Zutat für jedes Rezept aufzulisten (was zu einer überwältigenden Redundanz führen würde), konsolidieren diese Listen ähnliche Artikel und stellen sicher, dass Sie alles haben, was Sie für die Woche brauchen.

Einkaufsliste für die erste Woche

Produzieren: Karotten (2 kg, für den täglichen Saft und Rezepte), Tomaten (1 kg), Kirschtomaten (500 g), Wassermelone (1 kleine), Gurken (3), gemischter Salat (300 g), Grünkohl (200 g), Spinat (300 g), verschiedene Bittergemüse (Löwenzahn, Rucola, Radicchio, Endivie, 200 g), Brokkoli (1 Kopf), Blumenkohl (1 Kopf), Rosenkohl (300 g), Paprika (6, verschiedene Farben), Zucchini (2), Pilze (500 g, gemischte Sorten), Lauch (3), Zwiebeln (5), Knoblauch (2 Köpfe), Ingwer (1 großes Stück), Kurkumawurzel (1 kleines Stück), Zitronen (4), Limetten (2), Orangen (2), Beeren (1 kg gemischt), Äpfel (4), Avocados (3), frische Kräuter (Basilikum, Petersilie, Minze, Koriander, Dill, Thymian, Rosmarin)

Speisekammer: Natives Olivenöl extra, Leinsamenöl, Kokosöl, Tomatenmark (2 Tuben), getrocknete Kräuter und Gewürze (insbesondere Kurkuma, Zimt, schwarzer Pfeffer, Cayennepfeffer, Kreuzkümmel), Salz (Meeres- oder Himalayasalz), Tamari- oder Sojasauce, Apfelessig, Balsamico-Essig, Ahornsirup, Honig, Vanilleextrakt, Akazienfaser, Matcha-Pulver, Nährhefe, getrocknete Pilze (optional), sonnengetrocknete Tomaten, Oliven

Getreide/Hülsenfrüchte: Quinoa, Naturreis, Haferflocken, Hafergrütze, Roggenflocken, Gerstenflocken, Buchweizengrütze, Linsen (rot und grün), Kichererbsen (trocken und in Dosen), schwarze Bohnen (in Dosen), Tempeh

Nüsse/Samen: Kürbiskerne, Sonnenblumenkerne, Leinsamen, Chiasamen, Hanfsamen, Walnüsse, Mandeln, Cashews, Sesam, Haselnüsse

Tierische Produkte: Wild gefangener Fisch (400 g), Knochenbrühe (oder Knochen zur Zubereitung), Bio-Eier (1 Dutzend), griechischer Joghurt (500 g), Butter von grasgefütterten Kühen (kleine Menge), optional: Hähnchenschenkel (600 g), Meeresfrüchte-Auswahl (600 g)

Fermentierte Lebensmittel: Unpasteurisiertes Sauerkraut, Kimchi, Misopaste, Kefir

Einkaufsliste für Woche zwei

Produzieren: Karotten (2kg), Süßkartoffeln (4), Rote Bete (6), Steckrüben (3), Pastinaken (3), Knollensellerie (1), Winterkürbis (1), Tomaten (1kg), Rotkohl (1

Kopf), Grünkohl (1 Kopf), Grünkohl (200g), Rosenkohl (500g), Champignons (500g), Zwiebeln (7), Lauch (4), Knoblauch (2 Köpfe), Ingwer (1 großes Stück), Kurkumawurzel (1 kleines Stück), Zitrusfrüchte (6 verschiedene), Äpfel (4), Birnen (4), Beeren (500g frisch oder gefroren), Avocados (2), frische Kräuter (nach Verfügbarkeit)

Speisekammer:(Überprüfen Sie, was von Woche 1 übrig ist) Tomatenmark (1-2 Tuben), Tomaten aus der Dose (2), Olivenöl, Kokosöl, Ghee, Apfelessig, Balsamico-Essig, Ahornsirup, Honig, getrocknete Kräuter und Gewürze (nach Bedarf auffüllen)

Getreide/Hülsenfrüchte: Quinoa, brauner Reis, Hirse, Buchweizen, Linsen (rot und grün), Spalterbsen, weiße Bohnen, schwarze Bohnen

Nüsse/Samen:(Überprüfen Sie, was von Woche eins übrig bleibt) Ersetzen Sie alle aufgebrauchten Artikel, insbesondere Kürbiskerne und Walnüsse

Tierische Produkte: Weiderind (800 g), Lammkarree (optional), wild gefangener Fisch (300 g), Knochenbrühe (oder Knochen zur Zubereitung), Bio-Eier (1 Dutzend), griechischer Joghurt (500 g)

Fermentierte Lebensmittel: Unpasteurisiertes Sauerkraut, Kimchi, Misopaste, Tempeh, Kefir

VORBEREITUNGSPLÄNE

Eine effektive Vorbereitung macht diesen Ernährungsansatz nicht mehr zu einem Wunschtraum, sondern zu einem erreichbaren. Diese Zeitpläne verteilen die Essenszubereitung über die Woche, um die tägliche Kochzeit zu minimieren und gleichzeitig die Nährstoffqualität zu maximieren.

Wochenendvorbereitung (2-3 Stunden)

Durch die Vorbereitungssitzungen am Wochenende werden Bausteine für die Mahlzeiten unter der Woche erstellt. Die folgenden Aufgaben dauern ungefähr 2–3 Stunden, sparen aber im Laufe der Woche deutlich mehr Zeit und gewährleisten gleichzeitig die Nährstoffqualität:

1. Waschen und schneiden Sie robustes Gemüse wie Karotten, Sellerie und Kohl. Lagern Sie es in Glasbehältern mit einem feuchten Papiertuch.

2. Bereiten Sie eine große Menge Knochenbrühe in einem Slow Cooker oder Schnellkochtopf zu. Portionieren Sie die Brühe und frieren Sie sie in 500-ml-Behältern ein, damit Sie sie die ganze Woche über verwenden können.

3. Kochen Sie einen Topf Bohnen oder Linsen für mehrere Mahlzeiten. Bewahren Sie sie in Glasbehältern auf und bedecken Sie sie mit der Kochflüssigkeit.

4. Bereiten Sie 2-3 Dressings oder Saucen aus Kapitel 13 zu, z. B. Bitter Greens Pesto, Chlorophyll Green Sauce oder Antioxidant Herb Oil. Bewahren Sie diese in kleinen Gläsern auf, um Ihre Mahlzeit schnell aufzupeppen.

5. Rösten Sie eine große Menge Nüsse und Samen für verschiedene Rezepte. Lagern Sie sie in luftdichten Behältern bei Zimmertemperatur.

6. Bereiten Sie eine Portion Energiebissen oder Müsli für unterwegs zu.

7. Bereiten Sie ein großes Gericht zu, das mit der Zeit besser wird, z. B. Eintopf, Suppe oder Curry. Kühlen Sie es für Mahlzeiten am Wochenanfang.

8. Bereiten Sie für arbeitsreiche Morgen über Nacht eingeweichte Haferflocken in einzelnen Gläsern vor.

Mini-Vorbereitung unter der Woche (15–20 Minuten)

Kurze Vorbereitungen am Abend unterstützen die Ernährung für den nächsten Tag. Sie erfordern nur wenig Zeit, vereinfachen aber die Mahlzeiten am Folgetag erheblich:

1. Gemüse für das nächste Essen waschen und kleinschneiden.

2. Geben Sie die Smoothie-Zutaten in Gläser oder Beutel, damit Sie sie morgens ganz einfach mixen können.

3. Marinieren Sie Proteine, falls Sie sie für das Mittag- oder Abendessen am nächsten Tag benötigen.

4. Stellen Sie Frühstücksartikel und verpackbare Lunchkomponenten bereit, um die morgendlichen Entscheidungen zu minimieren.

5. Bereiten Sie für den nächsten Tag frischen Karottensaft zu (in einem dicht verschlossenen Glasbehälter 24 Stunden haltbar).

Tägliche nicht verhandelbare Punkte (5 Minuten)

Diese schnellen, täglichen Übungen bieten bei minimalem Zeitaufwand enorme gesundheitliche Vorteile:

1. Nehmen Sie 1 Esslöffel Tomatenmark (kann direkt aus der Tube verzehrt oder in eine Mahlzeit eingearbeitet werden).

2. Trinken Sie ein Glas Karottensaft mit einem Tropfen Öl.

3. Nehmen Sie mindestens eine kleine Portion fermentierte Lebensmittel zu sich (Sauerkraut, Kimchi, Joghurt, Kefir).

4. Fügen Sie mindestens einer Mahlzeit bitteres Grün hinzu.

5. Behalten Sie die Vielfalt pflanzlicher Nahrungsmittel im Auge, um sicherzustellen, dass Sie wöchentlich fast 30 verschiedene pflanzliche Nahrungsmittel zu sich nehmen.

Strategien für das Chargenkochen

Das Kochen in großen Mengen – das Zubereiten größerer Mengen in kürzeren Abständen – sorgt für Effizienz bei gleichbleibender Nährstoffqualität. Diese Strategien maximieren den Ertrag aus der Kochzeit und unterstützen gleichzeitig die Prinzipien der Zellernährung von Dr. Adler.

Mehrmahlzeitenkomponenten

Bestimmte Lebensmittel können in größeren Mengen zubereitet und für mehrere Mahlzeiten verwendet werden. So entsteht Abwechslung, ohne dass mehrere Kochvorgänge nötig sind:

1. Geröstetes Gemüse: Rösten Sie große Mengen Saisongemüse mit Olivenöl, Salz und Kräutern. Diese können heiß, bei Zimmertemperatur oder kalt zu verschiedenen Mahlzeiten serviert werden:

- Als Beilage zum Abendessen
- Als Beilage zu Salaten zum Mittagessen
- In Suppen oder Saucen gemischt
- Gefaltet in Frittatas oder Getreideschalen
- Püriert mit Brühe für schnelle Suppen

2. Gekochte Körner: Bereiten Sie größere Mengen Quinoa, braunen Reis oder andere Körner zu. Aus diesen vielseitigen Grundzutaten können mehrere Mahlzeiten zubereitet werden:

- Heiß serviert mit Gemüse und Eiweiß
- Gekühlt für Getreidesalate mit verschiedenen Dressings
- Gemischt mit Eiern und Gemüse für herzhafte Pfannkuchen
- Wird dem Morgenbrei für die Textur hinzugefügt
- Zu Pastetchen geformt mit Bohnen oder Eiern

3. Proteinzubereitungen: Kochen Sie größere Mengen Bohnen, Linsen oder tierische Proteine mit einfachen Würzmitteln, die vielfältige Endzubereitungen ermöglichen:

- Als Zutat für Suppen und Eintöpfe
- Gemischt mit verschiedenen Saucen und Gewürzen
- Serviert über verschiedenen Getreide- und Gemüsekombinationen
- In Dips oder Brotaufstriche gemischt
- Mit Kräutern und Gewürzen zu Bratlingen geformt

Fokus auf Gefrierschrankfreundlichkeit

Bestimmte Rezepte lassen sich hervorragend einfrieren und sind somit eine ernährungstechnische Absicherung für arbeitsreiche Zeiten. Wenn Sie sich auf die folgenden Gerichte konzentrieren, maximieren Sie Ihre zukünftige Flexibilität:

1. Suppen und Brühen: Die meisten Suppen aus Kapitel 5 lassen sich wunderbar einfrieren. Teilen Sie sie in einzelne Portionen auf, um sie schnell wieder aufzuwärmen. Frieren Sie Brühen in unterschiedlichen Mengen ein –

Eiswürfelbehälter für kleine Mengen, die Sie für Soßen benötigen, und größere Behälter für Suppengrundlagen.

2. Energiebällchen und -riegel: Die kollagenverstärkenden Proteinbällchen mit Knochenbrühe, die Phytonährstoff-Powerbällchen und die präbiotischen Ballaststoffriegel aus Kapitel 10 lassen sich alle gut einfrieren. Bereiten Sie doppelte Portionen zu und frieren Sie die Hälfte für die spätere Verwendung ein.

3. Saucen und Pestos: Viele Rezepte aus Kapitel 13 können in kleinen Portionen eingefroren werden. Frieren Sie Saucen auf Kräuterbasis in Eiswürfelbehältern ein und geben Sie sie dann zum einfachen Portionieren in Gefrierbeutel.

4. Gekochte Bohnen und Linsen: Diese lassen sich besser einfrieren, als die meisten Leute denken. Kochen Sie große Mengen, portionieren Sie sie und frieren Sie sie ein, um sie schnell zu Mahlzeiten hinzuzufügen, ohne auf Dosenversionen zurückgreifen zu müssen.

Strategie zur Mahlzeitensequenzierung

Eine durchdachte Mahlzeitenabfolge sorgt für natürliche Kocheffizienz. Bei diesem Ansatz werden Zutaten für verschiedene Mahlzeiten wiederverwendet, sodass die Lebensmittelsicherheit gewährleistet ist und gleichzeitig Abfall minimiert wird:

1. Vom Ganzen zum Verwandelten: Beginnen Sie mit den ganzen Zutaten und verwenden Sie dann Reste für weiterverarbeitete Anwendungen. Servieren Sie beispielsweise am ersten Tag geröstetes Gemüse als Beilage und mischen Sie die restlichen Portionen am zweiten Tag in eine Suppe oder Soße.

2. Von frisch zu gekocht: Verwenden Sie zuerst die leicht verderblichen Zutaten. Servieren Sie zartes Grünzeug roh in Salaten, wenn es am frischesten ist, und kochen Sie die restlichen Portionen später in der Woche.

3. Sequentielle Zubereitung: Planen Sie Mahlzeiten, die aufeinander aufbauen. Braten Sie zum Abendessen ein Huhn, verwenden Sie das Fleisch am nächsten Tag zum Mittagessen und verwenden Sie die Knochen am dritten Tag für die Brühe.

4. Strategische Revitalisierung: Planen Sie spezielle Techniken, um bereits zubereitete Speisen aufzufrischen. Wenn Sie beispielsweise Getreide mit einem Schuss Brühe und frischen Kräutern aufwärmen, verwandeln Sie es von Resten in neu zubereitete Komponenten.

Dieser zweiwöchige Plan zeigt, wie sich die Prinzipien von Dr. Adler in die tägliche Praxis umsetzen lassen. Indem Sie dieser Struktur folgen – oder sie an Ihre Vorlieben anpassen und dabei die grundlegenden Ernährungsprinzipien beibehalten – bieten Sie Ihren Zellen umfassende Unterstützung bei der Reparatur, Regeneration und optimalen Funktion. Die Rezepte und Strategien schaffen einen nachhaltigen Ansatz für die Ernährung, der die Gesundheit fördert, ohne Perfektion oder Entbehrung zu erfordern.

ANHANG A: NÄHRSTOFFLEITFADEN

WICHTIGE NÄHRSTOFFE UND IHRE NAHRUNGSQUELLEN

In diesem Buch haben wir zahlreiche Nährstoffe besprochen, die eine besondere Rolle für die Zellgesundheit spielen. Dieser Leitfaden fasst diese Informationen zusammen und konzentriert sich dabei insbesondere auf Nährstoffe, die Dr. Adler als entscheidend für die Hautgesundheit, die Zellfunktion und die Langlebigkeit hervorhebt. Anstatt eine umfassende Enzyklopädie zu erstellen, hebt dieser Abschnitt die Nährstoffe hervor, die für die im Buch vorgestellten Rezepte und Prinzipien am relevantesten sind.

Lycopin- Dieses rote Pigment Carotinoid wird von Dr. Adler wegen seiner hautschützenden Eigenschaften besonders hervorgehoben. Obwohl es technisch gesehen kein essentieller Nährstoff ist, ist es aufgrund seiner Vorteile für die Hautgesundheit hervorzuheben.

Beste Quellen: Tomatenmark (konzentrierteste Form), gekochte Tomaten, Wassermelone, rosa Grapefruit, Guave

Vorteile: Bietet internen UV-Schutz, unterstützt die Herz-Kreislauf-Gesundheit, kann das Prostatakrebsrisiko senken

Tipps zur Absorption: Benötigt Fett zur Absorption; das Kochen von Tomaten erhöht die Bioverfügbarkeit um das bis zu Fünffache

Beta-Carotin- Ein weiteres Carotinoid, das Dr. Adler insbesondere aufgrund seiner Fähigkeit empfiehlt, der Haut einen gesunden Glanz zu verleihen und inneren UV-Schutz zu bieten.

Beste Quellen: Karotten, Süßkartoffeln, Kürbis, Grünkohl, Spinat, Aprikosen, Mangos

Vorteile: Wird im Körper in Vitamin A umgewandelt, schützt die Haut vor UV-Schäden, unterstützt die Immunfunktion, verbessert die Nachtsicht

Tipps zur Aufnahme: Benötigt Fett zur Aufnahme; Dr. Adler empfiehlt täglich Karottensaft mit einem Tropfen Öl

Kollagenunterstützende Nährstoffe- Während Kollagen selbst bei oraler Einnahme nicht intakt absorbiert wird, unterstützen mehrere Nährstoffe die Kollagenproduktion und -erhaltung des Körpers.

Beste Quellen für Kollagenvorläufer: Knochenbrühe, Huhn oder Fisch mit Haut, Eiweiß

Unterstützende Nährstoffe: Vitamin C (Paprika, Zitrusfrüchte, Beeren), Kupfer (Sesamsamen, Cashews, Leber), Prolin (Eiweiß, Kohl, Spargel), Glycin (Gelatine, Hühnerhaut, Knochenbrühe)

Vorteile: Unterstützt die Hautelastizität, die Gesundheit der Gelenke, die Integrität der Darmschleimhaut und die Stärke der Blutgefäße

Zink- Dr. Adler hebt Zink für den Hormonhaushalt und die Immunfunktion hervor.

Beste Quellen: Kürbiskerne, Austern, grasgefüttertes Rindfleisch, Linsen, Kichererbsen, Cashews

Vorteile: Unterstützt die Testosteronproduktion, die Immunfunktion, die Wundheilung und die Proteinsynthese

Tipps zur Aufnahme: Das Einweichen von Nüssen und Samen oder das Keimen von Hülsenfrüchten reduziert den Phytatgehalt und verbessert die Zinkaufnahme

Omega-3-Fettsäuren– Diese essentiellen Fette spielen eine entscheidende Rolle bei der Funktion der Zellmembran und der Entzündungsregulierung.

Beste Quellen: Fetter Fisch (Sardinen, Makrele, Lachs), Leinsamen, Chiasamen, Walnüsse, Hanfsamen

Vorteile: Reduziert Entzündungen, unterstützt die Gesundheit des Gehirns, erhält die Barrierefunktion der Haut aufrecht, moduliert Immunreaktionen

Das Verhältnis ist wichtig: Dr. Adler betont das Gleichgewicht zwischen Omega-3- und Omega-6-Fettsäuren und empfiehlt eine Reduzierung der verarbeiteten Samenöle mit hohem Omega-6-Gehalt.

PHYTONÄHRSTOFFE VERSTEHEN

Phytonährstoffe – Pflanzenstoffe mit biologischer Aktivität, die über die Grundernährung hinausgeht – stehen im Mittelpunkt von Dr. Adlers Ansatz zur Zellgesundheit. Im Gegensatz zu Vitaminen und Mineralien sind diese Verbindungen im herkömmlichen Sinne nicht „essentiell", aber ihre schützende Wirkung macht sie zu wertvollen Bestandteilen einer auf Langlebigkeit ausgerichteten Ernährung.

Farbbasierte Klassifizierung

Pflanzenpigmente weisen häufig auf bestimmte Phytonährstofffamilien hin, sodass die Farbe ein nützlicher Hinweis auf die Aufnahme von Phytonährstoffen ist:

Rote/rosa Lebensmittel enthalten Lycopin, Anthocyane und Ellagsäure

- Tomaten, Wassermelone, rote Grapefruit, Erdbeeren, Kirschen, Granatapfel, rote Paprika
- Vorteile: UV-Schutz, Herz-Kreislauf-Unterstützung, DNA-Schutz

Orange/gelbe Lebensmittelenthalten Beta-Carotin, Alpha-Carotin, Beta-Cryptoxanthin

- Karotten, Süßkartoffeln, Kürbis, Mangos, Aprikosen, gelbe Paprika
- Vorteile: Hautschutz, Unterstützung des Immunsystems, Augengesundheit

Grüne Lebensmittelenthalten Chlorophyll, Lutein, Zeaxanthin, Sulforaphan

- Blattgemüse, Brokkoli, Rosenkohl, Spargel, grüne Kräuter, Matcha
- Vorteile: Entgiftungsunterstützung, Augenschutz, DNA-Reparatur

Blaue/violette Lebensmittelenthalten Anthocyane, Resveratrol, Pterostilben

- Heidelbeeren, Brombeeren, violette Weintrauben, Rotkohl, Auberginen
- Vorteile: Gehirngesundheit, Gefäßschutz, Schutz vor Zellalterung

Weiße/braune Lebensmittelenthalten Allicin, Quercetin, Kämpferol

- Knoblauch, Zwiebeln, Lauch, Pilze, Blumenkohl, Birnen
- Vorteile: Unterstützung des Immunsystems, Herz-Kreislauf-Gesundheit, antimikrobielle Eigenschaften

Bitterstoffe

Dr. Adler betont insbesondere die leberunterstützenden Eigenschaften bitterer Pflanzenstoffe. Dazu gehören:

Sesquiterpenlactonein Chicorée, Löwenzahn, Artischocke

- Vorteile: Stimuliert die Gallenproduktion, unterstützt Entgiftungsenzyme, reduziert Entzündungen
- Verwendung: Bittergrün zu Salaten hinzufügen, Löwenzahntee zubereiten, Bittergrün-Pesto verwenden (Kapitel 13)

Alkaloide in Enzian, Gelbwurzel, Berberitze

- Vorteile: Unterstützt die Produktion von Verdauungsenzymen, reduziert Entzündungen, reguliert den Blutzucker
- Verwendung: Kleine Mengen bitterer Tinkturen vor den Mahlzeiten, Kräutertees

Glucosinolate in Kreuzblütlergemüse

- Vorteile: Unterstützt die Entgiftung der Leber, reguliert den Hormonstoffwechsel, schützt die DNA
- Verwendung: Beim leichten Kochen (Dämpfen) bleiben mehr Glucosinolate erhalten als bei Methoden mit hohen Temperaturen.

Polyphenole

Diese umfangreiche Kategorie umfasst Tausende von Verbindungen mit antioxidativen und entzündungshemmenden Eigenschaften:

Flavonoide (Quercetin, Kämpferol, Catechine)

- Quellen: Zwiebeln, Grünkohl, Tee, Beeren, Äpfel, dunkle Schokolade
- Vorteile: Elastizität der Blutgefäße, Immunmodulation, Schutz des Gehirns

Phenolsäuren (Chlorogensäure, Ferulasäure)

- Quellen: Kaffee, Äpfel, Zitrusfrüchte, Vollkorn

- Vorteile: Blutzuckerregulierung, Neuroprotektion, entzündungshemmend

Stilbene (Resveratrol)

- Quellen: Rotwein, Trauben, Blaubeeren, Erdnüsse
- Vorteile: Sirtuin-Aktivierung, Schutz vor Zellalterung, Entzündungsregulierung

MIKROBIOM-UNTERSTÜTZENDE VERBINDUNGEN

Dr. Adler legt besonderen Wert auf die Darmgesundheit als Grundlage für das allgemeine Wohlbefinden. Diese Verbindungen beeinflussen direkt die mikrobiellen Populationen und Funktionen des Darms.

Präbiotische Ballaststoffe

Diese unverdaulichen Kohlenhydrate ernähren nützliche Darmbakterien. Verschiedene Ballaststoffe unterstützen unterschiedliche Bakterienarten, daher ist Abwechslung wichtig:

Inulin und Fructooligosaccharide (FOS)

- Quellen: Topinambur, Zichorienwurzel, Knoblauch, Zwiebeln, Lauch, Spargel, leicht unreife Bananen
- Vorteile: Füttern Sie Bifidobakterien, unterstützen Sie die Produktion kurzkettiger Fettsäuren und verbessern Sie die Kalziumaufnahme
- Praxistipp: Beginnen Sie mit kleinen Mengen und steigern Sie diese langsam, um Blähungen und Völlegefühl zu vermeiden.

Resistente Stärke

- Quellen: Gekochte und abgekühlte Kartoffeln, Reis und Nudeln; grüne Bananen; Hülsenfrüchte
- Vorteile: Nährt verschiedene Bakterienarten, verbessert die Insulinempfindlichkeit, unterstützt die Gesundheit der Dickdarmzellen
- Praxistipp: Abkühlen gekochter stärkehaltiger Lebensmittel erhöht den Gehalt an resistenter Stärke

Akazienfaser

- Quellen: Ergänzungsformular (wird von Dr. Adler ausdrücklich empfohlen)
- Vorteile: Selektive präbiotische Wirkung auf nützliche Bakterien, reduziert die Gasbildung im Vergleich zu einigen anderen Präbiotika
- Praxistipp: In Wasser auflösen oder zu Smoothies hinzufügen; mit 1 Teelöffel täglich beginnen und langsam steigern

Beta-Glucane

- Quellen: Pilze (insbesondere Shiitake, Maitake), Hafer, Gerste
- Vorteile: Immunmodulation, Cholesterinregulierung, Blutzuckerstabilisierung
- Praxistipp: Pilzstiele in Brühen köcheln lassen, um Beta-Glucane zu extrahieren

Polyphenole als Präbiotika

Viele Polyphenole gelangen intakt in den Dickdarm und ernähren spezifische Bakterienarten:

Anthocyane aus Beeren

- Füttern Sie Bifidobakterien und Lactobacillus und hemmen Sie gleichzeitig potenziell schädliche Bakterien

Catechine aus grünem Tee und dunkler Schokolade

- Fördert das Wachstum nützlicher Bifidobakterien, Lactobacillus und Akkermansia

Ellagitannine aus Granatäpfeln, Walnüssen und Beeren

- Wird von Darmbakterien in Urolithine mit entzündungshemmenden und Anti-Aging-Eigenschaften umgewandelt

Probiotische Nahrungsquellen

Dr. Adler empfiehlt insbesondere fermentierte Lebensmittel aufgrund ihres probiotischen Gehalts:

Nicht pasteurisiertes Sauerkraut und Kimchi

- Bakterienstämme: Lactobacillus plantarum, L. brevis, Leuconostoc mesenteroides
- Vorteile: Unterstützung der Darmbarriere, Immunmodulation, verbesserte Nährstoffaufnahme
- Praxistipp: Bereits 1-2 Esslöffel täglich bringen erhebliche Vorteile

Traditioneller Joghurt und Kefir

- Bakterienstämme: Lactobacillus acidophilus, Bifidobacterium lactis, Streptococcus thermophilus
- Vorteile: Unterstützung der Verdauung, Immunmodulation, verbesserte Laktoseverdauung

- Praxistipp: Achten Sie auf „lebende und aktive Kulturen" auf dem Etikett

Miso und Tempeh

- Pilzarten: Aspergillus oryzae, Rhizopus oligosporus
- Vorteile: Verbesserte Proteinverdaulichkeit, verbesserte Mineralstoffaufnahme, Unterstützung des Immunsystems
- Praktischer Tipp: Geben Sie Miso nach dem Kochen zu Gerichten hinzu, um lebende Kulturen zu erhalten

FUNKTIONALE LEBENSMITTELKATEGORIEN

Über bestimmte Nährstoffe hinaus bieten bestimmte Nahrungsmittel durch mehrere Mechanismen funktionelle Vorteile. Dr. Adler hebt mehrere Kategorien aufgrund ihrer zellunterstützenden Eigenschaften hervor:

Unterstützer der zellulären Entgiftung

Diese Lebensmittel unterstützen die natürlichen Entgiftungsprozesse des Körpers:

Schwefelreiche Lebensmittel

- Beispiele: Knoblauch, Zwiebeln, Lauch, Eier, Kreuzblütler
- Vorteile: Liefert Rohstoffe für die Glutathionproduktion, unterstützt Phase II der Leber-Entgiftung
- Praktischer Tipp: Knoblauch hacken und vor dem Erhitzen 10 Minuten ruhen lassen, um die Allicinbildung zu maximieren

Chlorophyllreiche Lebensmittel

- Beispiele: Dunkelgrünes Blattgemüse, Petersilie, Koriander, Chlorella, Spirulina, Matcha
- Vorteile: Bindet Giftstoffe, unterstützt die Leberfunktion, schützt die DNA vor Schäden
- Praxistipp: Geben Sie den Mahlzeiten großzügig frische Kräuter bei, als „Nahrung als Medizin"

Unterstützer der zellulären Energie

Diese Nahrungsmittel verbessern die Funktion der Mitochondrien, der zellulären „Kraftwerke", die Dr. Adler erwähnt:

CoQ10-reiche Lebensmittel

- Beispiele: Innereien, fetter Fisch, Vollkornprodukte, Spinat, Brokkoli
- Vorteile: Unterstützt die mitochondriale Energieproduktion, wirkt als Antioxidans, schützt Zellmembranen

B-Vitamin-reiche Lebensmittel

- Beispiele: Nährhefe, Eier, Blattgemüse, Hülsenfrüchte, Samen
- Vorteile: Funktion als Coenzyme bei der Energieproduktion, unterstützt Methylierungszyklen

Hormonausgleichende Lebensmittel

Dr. Adler betont diese aufgrund ihrer Auswirkungen auf die Hormonproduktion und den Stoffwechsel:

Phytoöstrogenhaltige Lebensmittel

- Beispiele: Leinsamen, Sesamsamen, traditionelle Sojaprodukte, Hülsenfrüchte
- Vorteile: Moduliert die Östrogenrezeptoraktivität und unterstützt den Hormonhaushalt während der Perimenopause.

Kohlgemüse

- Beispiele: Brokkoli, Blumenkohl, Rosenkohl, Grünkohl, Weißkohl
- Vorteile: Unterstützt einen gesunden Östrogenstoffwechsel, verbessert die Entgiftung von Hormonmetaboliten

ANHANG B: SAISONALE LEBENSMITTELTABELLE

GANZJÄHRIGER LEITFADEN ZUR SAISONALEN ESSEN

Diese Tabelle bietet einen Rahmen, um Ihre Essgewohnheiten an die lokalen Wachstumsperioden in Deutschland und Mitteleuropa anzupassen. Obwohl die Verfügbarkeit je nach Region unterschiedlich sein kann, hilft Ihnen dieser allgemeine Leitfaden dabei, wirklich saisonale Lebensmittel mit maximalem Nährwert und ökologischer Nachhaltigkeit zu identifizieren.

Jahreszeit	Gemüse	Früchte	Kräuter & Wildkräuter	Ernährungsfokus
Früher Frühling (März-April)	Spargel (weiß und grün), Radieschen, Frühlingszwiebeln, Spinat, Blattsalat, Kresse, Frühkohl	Gelagerte Äpfel und Birnen, Rhabarber (technisch gesehen ein Gemüse)	Bärlauch, Löwenzahngrün, Brennnesseln, Vogelmiere, gemahlener Holunder (Giersch)	Konzentrieren Sie sich auf Bittergrün zur Unterstützung der Leber und zur Entgiftung nach dem Winter. Diese frühen Pflanzen bieten natürliche Reinigungseigenschaften, die mit traditionellen Reinigungspraktiken im Frühjahr übereinstimmen.
Später Frühling (Mai-Juni)	Spargel geht weiter, neue Kartoffeln, Erbsen, Favabohnen, Kohlrabi, Frühlingskarotten, verschiedene Salate, frühe Zucchini	Erdbeeren, Kirschen, frühe Stachelbeeren, rote Johannisbeeren	Bärlauch (Ende), Sauerampfer, Lindenblüten, Holunderblüten	Konzentrieren Sie sich auf leichteres Dämpfen und schnelles Kochen, da immer mehr frische Produkte verfügbar werden. Diese Lebensmittel liefern Chlorophyll und Enzyme, die die Zellerneuerung unterstützen.

Frühsommer (Juli-August)	Tomaten, Gurken, Zucchini, Bohnen, Paprika, Auberginen, Mais, Sommerkürbis, Rüben	Beeren aller Art, Kirschen, Aprikosen, frühe Pflaumen, frühe Äpfel, Birnen	Zitronenmelisse, Minze, Basilikum, alle Küchenkräuter auf dem Höhepunkt, Borretschblüten	Konzentrieren Sie sich auf rohe und leicht gekochte Lebensmittel, die Flüssigkeit und Antioxidantien liefern. Diese Lebensmittel schützen auf natürliche Weise vor erhöhter UV-Strahlung und höheren Temperaturen.
Spätsommer (September)	Tomaten reifen, Paprika, Auberginen, Zucchini, Sommerkürbis, Buschbohnen, frühe Kürbisse, frühe Kohlsorten	Äpfel, Birnen, Pflaumen, Trauben, Brombeeren, Holunderbeeren, Haselnüsse	Die meisten Küchenkräuter sind noch verfügbar, wilde Brombeeren, Hagebutten beginnen	Wenn die Temperaturen sinken, wechseln Sie zu etwas herzhafteren Lebensmitteln, die das Immunsystem unterstützen. Diese Lebensmittel verbinden die Leichtigkeit des Sommers mit der Erdung des Herbsts.
Früher Herbst (Oktober)	Kürbisse, Winterkürbisse, Karotten, Lauch, Fenchel, Rosenkohl, Brokkoli, Blumenkohl, Kohl (alle Sorten), Grünkohl, Spätbohnen, Kohlrabi, Rüben, Rote Bete	Äpfel, Birnen, Spätpflaumen, Quitten, Weintrauben, Nüsse (Walnüsse, Haselnüsse)	Hagebutten vollreif, Weißdornbeeren, Wacholderbeeren, restliche Küchenkräuter	Betonen Sie Wurzelgemüse und orangefarbene/gelbe Lebensmittel, die reich an Beta-Carotin sind. Diese Lebensmittel unterstützen die Immunfunktion, da die Atemprobleme bei kälterem Wetter zunehmen.
Spätherbst (November-Dezember)	Gelagertes Wurzelgemüse (Karotten, Rüben, Steckrüben, Knollensellerie, Pastinaken), alle Kohlsorten, Rosenkohl, Grünkohl,	Gelagerte Äpfel und Birnen, Preiselbeeren (Lowbush Cranberries)	Getrocknete Kräuter, Tannennadeln (für Tee)	Konzentrieren Sie sich auf fermentiertes Gemüse und immunstärkende Lebensmittel. Diese traditionellen Konservierungsmethoden entsprechen auf natürliche Weise den

	Lauch, Winterkürbis, Topinambur			Bedürfnissen des Körpers in den kälteren, dunkleren Monaten.
Winter (Januar-Februar)	Gelagertes Wurzelgemüse weiterhin, Sauerkraut und fermentiertes Gemüse, Winterkohlsorten, Kellerkartoffeln, schwarzer Rettich, Topinambur	Gelagerte Äpfel und Birnen, gefrorene Beeren vom Sommer	Getrocknete Kräuter, immergrüne Nadeln, getrocknete Pilze aus dem Herbst	Betonen Sie lang andauernde Kochmethoden wie Eintöpfe und Suppen, die den größtmöglichen Nährstoffgehalt erreichen. Diese wärmenden Lebensmittel unterstützen die Energieproduktion während des erhöhten Stoffwechselbedarfs im Winter.

In Deutschland sorgen Gewächshäuser für eine längere Verfügbarkeit einiger Produkte, und Importe sind üblich. Wirklich saisonale, lokale Lebensmittel bieten jedoch den höchsten Nährwert und sind besonders umweltfreundlich. Eine gute Faustregel: Wenn es in Ihrer Region natürlich im Freien wächst, ist es gerade Saison.

Dr. Adler betont, dass saisonales Essen nicht bedeutet, sich vollständig auf lokale Produkte zu beschränken. Vielmehr sollten saisonal verfügbare Lebensmittel die Grundlage Ihrer Ernährung bilden und durch sorgfältig ausgewählte Importe ergänzt werden. Beispielsweise liefern Zitrusfrüchte im Winter wertvolles Vitamin C, wenn die lokalen Optionen begrenzt sind.

Der 14-tägige Speiseplan in Kapitel 16 zeigt, wie Sie diese saisonalen Lebensmittel zu ausgewogenen Mahlzeiten kombinieren können, die die Zellgesundheit das ganze Jahr über unterstützen. Indem Sie die spezifischen Gemüse- und Obstsorten anpassen und dabei die gleichen Ernährungsprinzipien beibehalten, können Sie eine Ernährung zusammenstellen, die sowohl der Jahreszeit entspricht als auch den Stoffwechsel unterstützt.

Denken Sie daran, dass saisonales Essen uns nicht nur mit der lokalen Landwirtschaft, sondern auch mit unserer eigenen Physiologie verbindet. Unser Körper hat sich im Einklang mit natürlichen Zyklen entwickelt, und wenn wir unsere Lebensmittelauswahl an diesen Mustern ausrichten, unterstützt dies eine optimale Funktion auf Zellebene.

Made in United States
Orlando, FL
18 April 2025